# 鲁尼自传

## 我的英超十年

[英] 韦恩·鲁尼 / 著　　虎扑翻译团 / 译

Wayne Rooney

My Decade in the Premier League

台海出版社

图书在版编目（CIP）数据

　　鲁尼自传：我的英超十年 /（英）韦恩·鲁尼著；
虎扑翻译团译 . -- 北京：台海出版社，2017.12
　　书名原文：WAYNE ROONEY :MY DECADE IN THE
PREMIER LEAGUE
　　ISBN 978-7-5168-1637-0

　　Ⅰ . ①鲁… Ⅱ . ①韦… ②虎… Ⅲ . ①鲁尼－自传
Ⅳ . ① K835.615.47

中国版本图书馆 CIP 数据核字（2017）第 264724 号

Originally published in the English language by HarperCollins Publishers Ltd.
under the title Wayne Rooney: My Decade in the Premier League © Wayne Rooney 2012
Translation © Beijing Wisdom & Culture Co., Ltd 2017, translated under licence from
HarperCollins Publishers Ltd.
Wayne Rooney asserts the moral right to be identified as the author of this work.

版权合同登记号：01-2017-7277

本书为引进版图书，为最大限度保留原作特色，尊重原作者写作习惯，故本书酌
情保留了部分外来词汇。特此说明。

**鲁尼自传：我的英超十年**

著　　者 |（英）韦恩·鲁尼　　　译　者 | 虎扑翻译团

责任编辑 | 刘　峰　　　　　　　策划编辑 | 张　盼　吴　铮
封面设计 | 红杉林文化　　　　　责任印制 | 蔡　旭

出版发行 | 台海出版社
地　　址 | 北京市东城区景山东街 20 号　邮政编码：100009
电　　话 | 010 － 64041652（发行，邮购）
传　　真 | 010 － 84045799（总编室）
网　　址 | www.taimeng.org.cn/thcbs/default.htm
E － mail | thcbs@126.com

印　　刷 | 北京旭丰源印刷技术有限公司
开　　本 | 710 毫米 × 1000 毫米　1/16
字　　数 | 270 千字
印　　张 | 18.25
版　　次 | 2018 年 1 月第 1 版
印　　次 | 2018 年 1 月第 1 次印刷
书　　号 | ISBN 978-7-5168-1637-0
定　　价 | 69.80元

17岁的鲁尼成为英格兰队最年轻的球员

1996—1997年，鲁尼（第一排左数第三个）在少年队时与队友、教练的合影

2011年2月23日，2010—2011赛季欧冠1/8决赛首回合，曼联对阵马赛的阵容

2003年8月30日，英超第4轮，埃弗顿对阵利物浦，鲁尼拦截对方球员

2003年欧洲足球友谊赛，英格兰队对阵澳大利亚队，小将鲁尼带球突进

2004年4月29日，天才少年鲁尼为欧锦赛做宣传，与百万足球亲密接触

2004年6月18日凌晨，在欧洲杯B组第2轮比赛中，鲁尼攻入首粒进球，英格兰队3：0完胜瑞士队

2004年9月1日，英超曼联俱乐部召开新闻发布会宣布鲁尼正式加盟，他与主帅弗格森一起展示新球衣

2005年3月30日，世界杯外围赛，英格兰队2：0战胜阿塞拜疆队

2005年11月23日，鲁尼发布了名为《鲁尼：我在曼联的第一年》的DVD，该DVD记录了他在曼联一年的职业生涯

2006年2月26日，英格兰联赛杯决赛，曼联4：0大胜维冈竞技，夺得冠军

2006年5月31日，英格兰队在曼彻斯特集训，威廉王子和鲁尼交谈

2006年12月11日，鲁尼和女友科琳在观看波士顿凯尔特人对阵纽约尼克斯的NBA常规赛

2007年4月14日，足总杯半决赛中，曼联对阵沃特福德，队友韦斯·布朗祝贺鲁尼进球

2007年9月29日，英超第8轮，曼联对阵伯明翰，鲁尼和里奇维尔在争夺球权

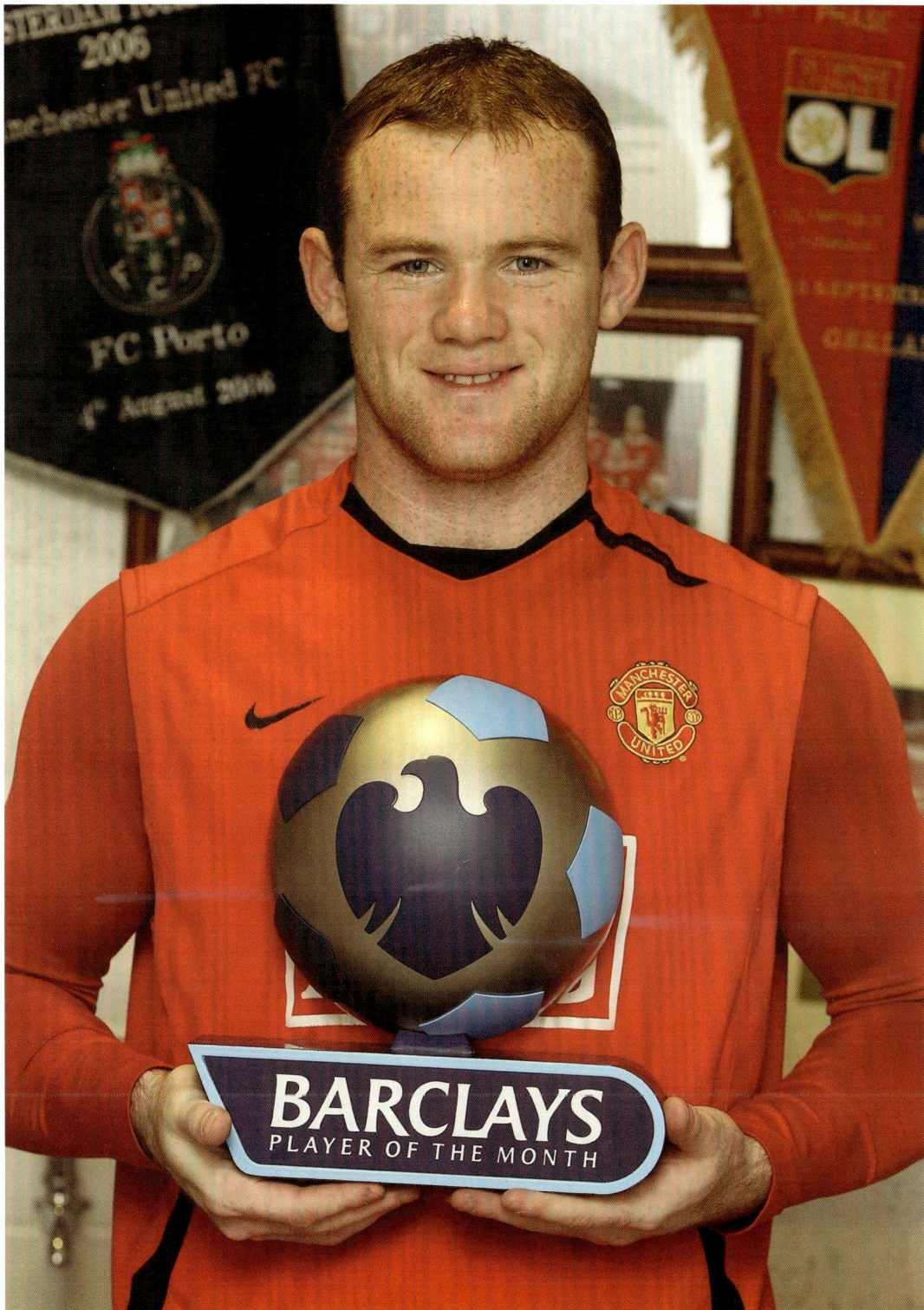

2007年11月9日，鲁尼荣膺英超十月最佳球员称号

2008年4月1日，欧冠1/4决赛首回合，曼联2：0击败罗马

2008年5月21日，曼联击败切尔西赢得欧冠

2008—2009赛季英超第15轮，曼联1：0力克曼城，鲁尼和吉格斯在赛后拥抱

2008—2009赛季欧冠1/4决赛首回合，曼联对阵波尔图，鲁尼打入扳平比分的一球

2009年夏，鲁尼在法国圣特鲁佩斯度假

2009年夏，鲁尼和妻子、朋友享受悠闲的假日时光

2009年11月29日，鲁尼和妻子科琳一起参加联合国儿童基金会晚宴

2009年10月3日，2009—2010赛季英超第8轮，曼联对阵桑德兰，鲁尼和罗里克·卡纳在争夺球权

2010年2月28日，2009—2010赛季英格兰联赛杯决赛，曼联2：1战胜阿斯顿维拉夺得冠军

2009—2010赛季英超末轮，曼联4：0大胜斯托克城，鲁尼携半岁的爱子亮相

2010年8月28日，鲁尼展示巴斯比爵士最佳球员奖杯

2010年9月7日，2012年欧洲杯预选赛，瑞士队对阵英格兰队，鲁尼在比赛中破门

2010年圣诞节期间，曼联球员看望住院儿童利亚姆，并送给他一份小礼物

2011年2月12日，2010—2011赛季英超第27轮，曼联对阵曼城，鲁尼踢出自己职业生涯中最伟大的一球

2011年10月6日，2012年欧洲杯预选赛，英格兰队训练备战

2012年4月22日，2011—2012赛季英超第35轮，曼联对阵埃弗顿，鲁尼和菲利普·杰吉尔卡在争夺球权

# 感谢

在我实现英超梦的过程中，有许多人帮助过我，也和我一起并肩作战。我之所以能有今天的成就，首先要感谢的是父母和家人，他们对我有着十分深远的影响。

其次，我要感谢从小到大共事过的所有教练，感谢我的经纪人保罗·斯特雷特福德（Paul Stretford）以及他的同事，感谢我的所有队友以及场内外的朋友，谢谢你们一直支持着我。不过，在撰写这本反映我过去十年沉浮的自传时，我要特别感谢两个人。

一个是我的妻子科琳（Coleen），谢谢你和我同甘共苦；你永远不会知道你的爱与支持对我来说有多么重要。另一个是我的儿子凯（Kai），我起床后第一个想到的就是你，晚上也是笑着看你入睡。我爱你们母子俩，你们是我每天的灵感和动力所在。

感谢这一切，
爱。

韦恩·鲁尼（Wayne Rooney）（爸爸）

当我和曼彻斯特联（Manchester United）俱乐部管理层的总监们讨论，尝试说服他们耗资数千万英镑挖角埃弗顿（Everton）的韦恩·鲁尼时，他们都诧异地扬起了眉毛。

虽然那个小伙子只有18岁，但已经通过近两年在埃弗顿一线队的表现向世人证明，他就是一个天才。

埃弗顿的工作人员为了培养鲁尼，在背后做了大量准备工作，帮助他一路从青训学院踢到一线队，当他上演处子秀的时候还差几个星期才满17岁。

早在他正式进入成年队之前，大家就已经知道埃弗顿挖掘出了一块璞玉，果然没过多久，他就在巨大的舞台上证明了自己的存在。

鲁尼从学童时期就开始效力于埃弗顿，我们可以想象他是怀着怎样的心情穿上那件著名的皇家蓝球衣跑到古迪逊公园（Goodison Park）①的球迷面前享受欢呼的。

他毫不费劲就踢上一线队的足球比赛，这是意料之中的事情。韦恩·鲁尼是为足球而生的人，从一开始人们就预料到他未来会成为足坛的大人物，事实果然如此。

我们清楚地知道，如果要说服埃弗顿放韦恩离队的话，需要给对方一张面额巨大的支票，这样韦恩才能开启一段沿着M62②公路的旅途，来到曼彻

---

① 埃弗顿俱乐部的主场。——译者注。后文注释若无特殊说明，均为译者注。

② 连接利物浦和曼彻斯特两座城市的一条高速公路。

斯特。

我想每个人都是有价可询的，最终我们和埃弗顿达成协议，成功地招徕了这位在他那个年龄段最出色的球员。

毫无疑问，我们为这位还有很长时间才达到法定年纪、拥有投票权的球员花费了一笔巨资，但我们清楚地知道自己在做什么。

偶尔有一些球员，他们注定会成为出色的职业运动员，韦恩就是其中之一。

这并不是赌博，而是对未来的投资，而且毋庸置疑的是，这位来自克罗克斯泰思（Croxteth）①的小伙子会无数次地证明自己物有所值。

如果还有人对此有所怀疑的话，那么欧冠小组赛曼联坐镇主场老特拉福德（Old Trafford）迎战土耳其俱乐部费内巴切（Fenerbahçe）的比赛立刻打消了这些人的疑虑，鲁尼在这场处子秀中上演了帽子戏法。看吧，回报来得多么快呀！

即使他过了好几个星期才为我们攻进处子球，我也毫不担心。不过，必须说明的是，看到他这么快就奉献了一场经典演出，我真的是大喜过望。

曼彻斯特和利物浦（Liverpool）的恩怨有史为证，但一位利物浦人却迅速融入这里，成为一位名义上的曼彻斯特人。

我说的这些仅仅是鲁尼精彩故事的开篇，这个故事也会随着他的曼联生涯续写下去。他已经成为俱乐部的中流砥柱之一，也是大家公认的英超和欧冠史上最出色的球员之一。

这么多年一路走下来，鲁尼已经克服了年轻时不自律的毛病。以前那个脾气暴躁、挑战权威的鲁尼已经脱胎换骨，成为球队的榜样。

如果想要改变个性，性格必须变得强大。鲁尼挖掘出内心深处的缺陷，彻底根除了性格中不好的一面。

---

① 鲁尼出生地，位于英国利物浦市郊。

然而，在2010年的秋天，鲁尼的内心摇摆了一下，宣布想要离开老特拉福德。

我当时十分震惊，也很失望，幸好他很快就改变了想法，不久后就和俱乐部签下了续约合同。

我不会透露当时和他说了什么，但我一开始就知道他始终心系曼联。当我们告诉他他的想法是错误的时候，他也清楚地意识到自己对曼联的心意仍在。韦恩·鲁尼可以轻而易举地在曼联的历史上烙下自己的特殊印记。

他已经开始打破俱乐部一些尘封已久的纪录，而且他还有年龄优势，在退役之前取得任何成就都是有可能的。

我觉得，在我的足球生涯中，我做过一些正确的决定，而有些已经忘了！不过，毫无疑问，从埃弗顿签下韦恩·鲁尼是一个最棒的决定。


亚历克斯·弗格森（Alex Ferguson）爵士

# 目录
CONTENTS

# 介 绍

77分19秒

砰！

*一切都来得太疯狂，来得太快了。*

当我在英超联赛攻进这粒进球后，有一种感觉，一种难以置信的愉悦感油然而生。那种感觉就像我平时用高尔夫球棒将球击出，然后看着它落到草地上，内心充满惬意之情一样。

那是一种高亢的情绪，一股喷薄而出的力量。

那是强烈的情绪在波动，没有其他任何事情能给我带来这样的感受。为曼联攻进领先一球，这种感觉十分强烈、十分自豪、十分疯狂。我觉得，如果能把这种感觉装进瓶子里的话，我可以生产出史上最棒的能量饮料。

我的心脏一阵狂跳，然后逐渐恢复正常，我也缓过神来了。

一切都变得清醒起来：声浪巨大，球迷的呼声就像飞机起飞的声音，足以震痛我的耳膜；我的小腿有些疼，汗水顺着脖子流下来，球衣上粘着泥土。周围的声音越来越大，就在我的头顶上响着。有人拉着我的衣服，我的心脏快跳出胸膛了。球迷们高喊着我的名字：

"鲁尼！"

"鲁尼！"

"鲁鲁鲁鲁……尼尼尼尼！"

世界上没有比这更美妙的感觉了。

然后，我抬头看了看比分牌：

2011 年 2 月 12 日

曼联 2 : 1 曼城（Manchester City）

球进了！

鲁尼，第 77 分钟。

突然之间，我清楚地意识到自己是谁，刚刚做了什么，就像一位拳击手被击了一拳，闻到咸咸的盐味，然后开始恢复知觉。我是韦恩·鲁尼。我从 2002 年起就在踢英超联赛，我刚刚在曼彻斯特德比中攻进制胜球——这也许是曼联球迷整个赛季最看重的一场比赛。这粒进球把我们吵闹的邻居打回了原形，也让我想起一件事——曼联比对手更有历史，也更加辉煌。这粒进球向联赛的其他球队发出警告，曼联即将赢下又一个英超冠军。

这是我职业生涯中最精彩的进球。

我张开双臂站在那里，头向后仰着，可以感觉到身后看台上曼城球迷的恶意，就像静电一样。那些辱骂、尖叫和诅咒根本伤不到我。他们朝我竖起手指，脸涨得通红。他们都气得发抖，但我毫不在意。我知道他们有多恨我，也知道他们现在有多生气；我可以理解他们为什么这样，因为我输球的时候也有过同样的感受。

这一次，受刺激的是他们，而不是我。

我知道没有比这更好的了。

在埃弗顿和曼联效力的这些年，我已经攻进几百粒进球，包括联赛、杯赛、杯赛决赛，毫无意义的友谊赛，还有训练赛。但是，这一次尤为特殊。一路小跑回中圈的时候，我依然很激动，又开始回味进球。我知道这样做很可笑，但我担心以后都不会有这种感觉了。我想要记住刚刚发生的一切，想要一遍遍地回味那个时刻，因为那感觉实在太好了。

我知道当时我们的压力很大，因为比赛处于胶着状态，比分还是 1 : 1。进球发生的几秒前，我正尝试着将球回传给我的锋线搭档迪米塔尔·贝尔巴托夫（Dimitar Berbatov）——与电影《教父 3》（*The Godfather Part Ⅲ*）中的主角安迪·加西亚（Andy Garica）长得很像的一个人；他与安迪·加西亚在电影中的角色一样是个危险人物。但是，我的传球力量太大，传过头了。我的心提到了嗓子眼儿。

曼城可能利用这次机会进行反击。

幸运的是，生姜头保罗·斯科尔斯（Paul Scholes）是个重心很低、被我们称为"卫星导航"的家伙，他的传球像电脑操控般精准，他可能是英超有史以来最出色的中场球员。他争到了球权，然后把球分给禁区边缘的边锋纳尼（Nani）。纳尼调整几下后，用脚指头把球传进禁区。他的脚掠过草皮，看起来不像是一名球员，更像是《舞动奇迹》（*Strictly Come Dancing*）[①] 的参赛者。他传球的时候，皮球碰到一名后卫，速度有些下降，随后越过曼城后防上空向我飞来。

我看到禁区内有一处空当。曼城的两名中后卫乔莱昂·莱斯科特（Joleon Lescott）和文森特·孔帕尼（Vincent Kompany）像山一样屹立着，他们已经跑好位置，准备应对这个传中球。我向前跑了一小段，猜测球会落到哪里。

我感觉很乱，很难向一位没有踢过比赛或者没有在很多球迷面前踢过比赛的人描述这种压力。但是，在老特拉福德踢球就像在气泡内跑来跑去一样，那种感觉很紧张，类似于患上了幽闭恐惧症。

我可以闻到青草的味道，可以听到球迷的声音，但听不清他们在说什么。一切都很压抑，我就像在室内泳池的水底一样，可以听到身边其他人的喊叫声和拍水声，但听不清楚，辨认不出任何声音，完全听不清人们在喊什么。

球场上也是这样。有时候比赛缓下来，我可以听到一些声音，比如我主罚

---

[①] 英国广播公司的舞蹈真人秀节目。

角球或者任意球的时候，站在皮球旁边观察局势时会听到身后两万张弹簧座椅发出奇怪的隆隆声，每个人都站起来，伸长脖子看着场内。不过，压抑的声音不久后就会重新出现，然后我又回到了水底，回到了气泡内。

皮球正向我这边飞来。

那次折射改变了纳尼的传球路线，皮球飞得比我想象中高，所以我必须找另一个位置，重新调整平衡，然后想着：我要试试这个。我的双腿很疲劳，但我用尽全力从脚后跟发力，在半空中摆动右腿越过左肩，对着传中球来了记倒钩，一记杂耍般的凌空抽射。这是孤注一掷，我知道如果踢飞了，自己看起来会相当蠢。

但是，我没有踢飞。

我的脚和皮球完美接触，皮球直飞进球门上角；我可以感觉到，但我看不到。我在半空中扭动身体，想看看球飞到哪里去了，但是看不到。不过，一阵突如其来的吼叫声提醒我，刚刚那粒球进了。我翻了个身，看到曼城门将乔·哈特（Joe Hart）呆站在那里，他不相信地张开双臂，皮球在他身后的门内跳动旋转。

如果踢球像潜入水底一样，那么进球就如同浮出水面换气。

我看得见，也听得到，一切都那么清晰。我看到人群中的脸孔，成千上万的人在喊叫、微笑，热烈地拥抱。成年人像孩子一样跳来跳去，孩子们则激情地大喊，挥舞着手中的旗帜。每幅场景都很锐利，我看得见看台上的服务员穿着什么颜色的围裙，也看得见斯特雷特福德看台（Stretford End）[①] 上的横幅上写着"每一位曼联人的信仰""唯一的爱"等标语。这种感觉就像用遥控器一按，电视从黑白变成彩色、从普清变成高清一样。

人群中每个人都疯了，他们知道我们即将赢得比赛。

从几乎丢球到倒钩攻进制胜球，一流球员的上限真是高得可怕。许多时

———————————————

① 老特拉福德球场西面球门后方的一座看台，也称西看台，一般被死忠球迷占据着。

候，比赛的胜负都是在毫厘之间，所以说足球是世界上最精彩的体育运动。

＊＊＊＊＊

我们 2：1 取得比赛的胜利。回到更衣室的时候，大家都围在我身边，想讨论那粒进球。但我实在太累了，没什么要说的；大家已经在球场上看到了整个过程，包括那记倒钩。更衣室里闹哄哄的，里奥·费迪南德（Rio Ferdinand）说个不停。

"哇！"他感叹道。

我们的边后卫帕特里斯·埃弗拉（Patrice Evra）则认为进球"实在漂亮"。

然后，主教练走了进来，他穿着一件黑色大衣，看上去很兴奋。这个男人已经在老特拉福德的球场边喊了超过 25 年，也指导和激励了英超史上的一些巨星。这个男人还帮助我加盟世界上最伟大的俱乐部。*他是现代足坛最伟大的俱乐部主教练。*

他走到我们所有人身边，像以往赢球时一样，和我们一一握手。我加盟曼联以来一直是这样。幸运的是，我们握过很多次手。

他来到我面前，激动地说："韦恩，实在了不起，那是一粒伟大的进球。"

我点点头，累得没有力气说话，但即使有力气我也不会说什么。

请不要误会我的意思，没有什么比主教练的赞美更好的了，但我不需要。我知道自己什么时候踢得好，什么时候踢得不好。我并不认同的一种观点是，*如果主教练说我踢得好，我就踢得好。*我心里很清楚，自己踢得到底好不好。

然后他说，这是他在老特拉福德看过的最佳进球。他应该知道，他在俱乐部待了很长时间，也在执教期间见识过许多优秀的射手。

主教练控制着一切，这其中就包括曼联球员的身体状态和心理状态。他在比赛前宣布首发名单，每当这个时刻我总有一种奇怪和紧张的感觉，以前在学校也是一样，校队教练会把首发 11 人的名字贴在告示板上。如果我们在比赛中踢得不错但一球落后，弗格森会告诉我们继续保持。他知道我们会很快扳平比分，所以他告诉我们要赢得比赛。然而，如果我们带着两三球的领先优势结束上半场，回到更衣室的时候他就会十分激动。

*我们处于领先，他这是在干吗？*

然后，我就明白了。

*他不希望我们自满。*

与大多数主教练一样，他欣赏漂亮的足球，但他更欣赏比赛的胜利。他的求胜欲比我认识的所有人都要强烈，这影响了我们全队。

有趣的是，我觉得我和他挺像的。我们都对成功有着很强的欲望，这也许和我们的成长经历有关——我们从小就接受这样的教育：想要有出色的表现，就必须努力奋斗。我和他都在这样的信条中成长。如果我们荣膺英超或者欧冠冠军，我们会特别希望把这份成功延续下去。憧憬着这样的目标，我们才这么努力，才希望将最佳状态一直保持下去。

大家开始挤在一台小小的电视机前，它已经摆在房间的角落里好些年了。教练们常常用它来回放比赛中的争议镜头，或者是漏判的点球——不过，这种情况很少，因为主教练估计会跟任何一位想听的人说这些。这一次，我想看看我的进球，大家也都想看。

有位教练拿起遥控器，把比赛快进到第 77 分钟。

我看到自己那脚用力过猛的回传，然后斯科尔西（Scholesy）① 传给纳尼。

我看着他传中。

然后，我继续看着，这种奇怪的感觉就像灵魂出窍，电视中的我把自己抛向半空，然后把皮球踢进球门。这看起来一点儿也不真实。

我觉得所有的球员睡觉时都会梦到自己打进一些精彩的进球：连过六人，然后挑射门将破门；或者轰进一记 25 码外的远射。而我则一直幻想自己能来

---

① 保罗·斯科尔斯的昵称。

一记倒钩破门。

*我刚刚在曼彻斯特德比中攻进的，就是这么一粒梦幻般的进球。*

"哇！"里奥再次感叹道，神情有些激动。

我知道他是什么意思。我坐在更衣室里，汗还在流着，我尝试着留住这个时刻，因为我知道这实在太难得了。我还可以听到曼联球迷在外面对着死敌球迷唱歌，我不知道自己以后还能不能踢进一粒这么棒的进球。

* * * * *

现在，我已经在英超踢了十年了。我可能正处在职业生涯的中期，这种感觉很奇怪。时间过得真快。虽然我有些失落，但依然觉得最好的年华尚未到来，我还会踢很多年。2002 年 8 月，我在对阵托特纳姆热刺（Tottenham Hotspur）的比赛中上演了埃弗顿的处子秀，感觉像是 5 分钟前发生的事情。当时，热刺球迷聚集在古迪逊公园的一个看台上，我进场的时候他们开始朝着我高喊：

"你是谁？"

我一拿球，他们又喊道：

"你是谁？"

现在，他们不再对着我这么喊了。他们反而开始嘘我、骂我、批评我，真是有趣。

处子秀到现在已经十年，我做了太多事情。从 2002 年到 2004 年，我在埃弗顿踢球，这是我小时候就支持的球队；2003 年，我成为英格兰国家队最年轻的球员；后来阿森纳（Arsenal）的西奥·沃尔科特（Theo Walcott）打破了我的纪录；2004 年，我以超过 2500 万英镑的价格加盟曼联，成为英超俱乐部史上身价最高的射手。同年在欧洲杯上，英格兰的国家队队友们开始称呼我为"瓦扎（Wazza）"，这个昵称一直叫到了现在。

我赢得了 4 座英超奖杯、1 座欧冠奖杯、2 座联赛杯、3 座社区盾杯，还有 1 座世俱杯。我一共为俱乐部和国家队攻进超过 200 粒进球，也被罚下场 5 次。如果我对你说，我不享受每一分钟的比赛，那一定是在说谎。好吧，也许我不享受红牌和停赛，但除了这些之外，剩下的都是美好回忆。

有趣的是，我依然可以感受到十年前英超处子秀前夜的那份激动，肾上腺素还在分泌。现在，无论是在主场还是客场比赛，比赛前夜的感觉就像平安夜一样，晚上睡觉的时候总会醒来两三次，然后我会翻个身去看看闹钟。

*疯了，这才凌晨两点。*

那份激动和期望一直持续到比赛开始的时候。

不过，我也为此付出了代价。这么多年来，我的身体多次遭受重创：跟变形金刚般的中后卫挤在一起，不是拉伤肌肉，就是撞伤肩膀，或者被狠狠铲伤，日复一日。

比赛后的第二天早上，起床后的半个小时内我几乎无法走路，痛死了。这种感觉和年轻时不一样。我还记得，无论在埃弗顿还是曼联，有时候训练或者比赛后，我总想再踢一会儿。我的花园里有一块小球场，我以前常常和朋友在那里踢球。在埃弗顿的时候，训练后我常常去本地一家康乐中心踢上一场比赛，或者在克罗克斯泰思的街头踢球。在爸爸、妈妈、弟弟①的陪伴下，我在利物浦长大。我家对面有一家护理院，它关门休息的时候会放下闸门，我们贪图方便就把它当成球门。我喜欢在那里踢球。2003 年上演国家队处子秀后，我曾经被拍到穿着一件法国球衣，在护理院踢球。

足球对我的身体产生了重要的影响，因为我踢球依靠的是速度和力量。强度很重要。作为一名前锋，我必须时刻努力；我必须变得敏锐，这意味着要保持好状态，否则就踢不出好球。如果我是一名边后卫的话，情况可能会有所不同；或许我可以稍微保留一些体力，或许可以减少在两个半场间来回冲刺的次

---

① 两个弟弟分别是格雷厄姆（Graeme）、约翰（John）。

数。然而，作为曼联的中锋，我绝对不能隐身。我必须付出全部努力，否则主教练就会把我换掉，或者不让我参加下一场比赛。在这家俱乐部，失败者和第二名是没有生存空间的。

如果说到足球带给我的负面影响，那就是在公众眼皮底下生活，压力实在太大了。我只希望可以抽出一天做自己的事情，没有人认出我来；我希望出去买东西的时候没人盯着我，给我拍照。即使是晚上和朋友一起出去，如果没人对我指指点点，我就已经心满意足了。周末的时候，我有一些朋友会在比赛前去投注站下注，我也希望自己可以这样做。不过，这些都是小事，我还是十分感激足球带给我的一切。

然而，我还有一个多疑的地方：与其他球员一样，我害怕因为伤病导致职业生涯戛然而止。我可能处在职业生涯的巅峰，然后一次糟糕的铲断就足以让我退役，这样就完了。作为一名球员，我觉得每场比赛都要承担这样的风险。我知道足球生涯很短暂，不管处于什么年纪，我随时可能意外退出足球圈。但是，我希望是自己决定什么时候退出，而不是由队医或者对手的铲球决定。

请不要误会我的意思，我踢球的时候从不害怕伤病和失败，甚至想都没想过。我在场上从来没有被吓倒过。我总是希望展现出自己的实力，想要做出不同的尝试，从来不会带着焦虑进行比赛。

*我希望这次不会输。*

*如果我们被击败了，会发生什么事情呢？*

我总是相信球队会赢得比赛的胜利，不管是为谁效力。踢球的时候，我从来都不缺少信心。

我是那么自信，我乐意踢场上任何一个位置。曼联遭受伤病侵扰的时候，我愿意担任中后卫，甚至是边后卫。我觉得我可以踢那些位置，然后奉献出精彩的表现，这没问题。我记得埃德温·范德萨（Edwin van der Sar）曾经在对阵热刺的比赛中被撞破鼻子，不得不下场。我们当时没有替补门将，所以我甚至有了去守门的念头，因为我在训练中守过几次，而且表现还不错。2008年足总杯对阵朴次茅斯（Portsmouth）时，我们的门将托马斯·库兹萨克（Tomasz Kuszczak）被罚下场，我准备上去顶替他，但被主教练制止了，因为庞贝（Pompey）获得了一粒点球。我知道他在想什么。如果跑去守门的话，我可能就没有机会去帮球队扳平比分了。

当我还是小男孩的时候，我觉得可以踢一辈子的球。现在，我知道不可能一直这么踢下去，但有趣的是，我也不太担心结束那天何时到来。如果我没有在球场上奉献出和以往一样精彩的演出，我就会认真地审视自己。我会看看自己能否在最高级别的比赛中改变战局。我不会赖在英超，这里刷一场、那里刷一场。我会选择出国踢球，也许去美国。如果有机会的话，我也想尝试执教。

我希望，人们记住的是那个在最好的球队有着出色表现的鲁尼，比如在曼联。我希望在老特拉福德的草皮上发光发热，而不是在替补席上逐渐消失在人们的视野中。

\* \* \* \* \*

现在离挂靴退役还很远，我还有很多东西要争取。我想要获得更多联赛冠军，更多欧冠冠军——只要是曼联参加的赛事，我就想要夺冠。我希望赢得团队冠军，因为个人奖项虽然也不错，但那种感觉远远不如和队友一起夺冠。不管做什么，我都会做到最好。我不喜欢做失败者，任何和我踢过球的人都清楚这一点。

十年了，征战英超对我来说犹如孤注一掷，要么功成名就，要么一无所有。

第一章　求胜欲

英超十年，一切进球、奖杯、伤病和红黄牌都被一个念头驱使着：我讨厌失利。这是一种强烈的厌恶感，也是一种糟糕透顶的感觉。即使在比赛中破门或者上演帽子戏法也无法让一场失利显得体面。如果无法取得胜利，进球就毫无意义；如果曼联输了，我才不管自己进了多少球。

　　我甚至讨厌自己脑海中出现输球的想法。只要想到输球我就很生气，很愤怒，虽然我不愿意这么想，但是一旦出现这样的想法，我就真的会输掉比赛。我会被惹恼，会吃到红牌，会朝队友大喊，会乱扔东西，会怒而不言。我讨厌自己的这些反应，但我总是会情不自禁地这么做。小时候和弟弟或者朋友比赛的时候，我就是一个输不起的人，现在为曼联效力依然如此。

　　不管在哪里比赛，不管对手是谁，只要我穿上球鞋，便会一如既往地对待比赛。2009—2010 赛季最后一场比赛前，在卡灵顿（Carrington）训练基地的训练课上，我记得自己在禁区内被放倒了两次。之所以记得这么清楚，是因为这件事让我很生气。那场比赛的裁判是我们的一位体能教练，整场比赛对手对我犯规，他都没有表示，我们队输了好几个球。终场哨响后，其他队友都边说边笑地走回更衣室换衣服，只有我怒气冲冲地踢倒了训练锥，摔门而入。

客场备战国际比赛的时候，我经常和英格兰的队友们一起玩电脑游戏。有一次我在玩《FIFA》①的时候输了，然后把游戏手柄摔了，因为我对自己实在很生气。另一个晚上，玩着玩着我就探身向前把游戏机关了，因为我知道自己要输了。大家都盯着我，他们觉得我不正常。

"嘿，瓦扎，不要这样嘛！"

听到他们这么说，我反而更加生气，于是我把大家都赶出房间，独自生闷气。

有时候，我不仅输给队友，就连玩线上足球游戏的时候，我也会和远在泰国、日本的对手大吵大闹。他们击败了我，然后我就通过网络通讯耳机和他们争辩。我已经是成年人了，也许我应该放松点儿，但如果事情不按照我设想的方向发展，我就很难冷静下来。此外，我家里的每个人都是这样，我们总会争个你死我活。无论是桌上游戏还是街头网球，只要是我小时候玩过的游戏，玩的目的都是为了赢。我们都不喜欢输。

有时候，我觉得这是好事，如果甘居第二的话，我不认为我会和现在一样成为一名优秀的足球运动员。比赛的时候，我需要这样的求胜欲来推动自己，就像埃里克·坎通纳（Eric Cantona）和罗伊·基恩（Roy Keane）为曼联踢球时那样，他们有着恰如其分的热忱。我也有，这是我的优势，这种热忱驱使我更努力地去尝试。坎通纳和基恩无法忍受失利，他们在场上也没有多少朋友，但有的是奖杯，我也一样。曾经有许多球员说他们很享受和我一起比赛，我对此表示怀疑，我更希望自己成为让对手头疼的人。即使是与人并肩作战，我也可能让队员感到无可奈何——当曼联输球或者半场休息时看上去要输球了，我就会在更衣室里发火。

我会大声尖叫，大喊大叫。

---

① 美国艺电公司发布的足球模拟游戏。

我会在房间里踢飞皮球。

我会把球鞋摔在地上。

我和队友一起输了。

我朝别人大喊，他们也朝我大喊。

我之所以大喊大叫，踢飞皮球，不是因为我不喜欢谁，而是因为我尊重他们，我想要他们踢得更好。

我无法忍受我们被击败。

我朝球员们大喊，他们也朝我大喊。当别人责骂我的时候，我不会觉得这是针对我本人，我也不希望我责骂别人的时候，他们认为我在针对他们。这都是比赛的一部分。是的，输球时那些生气和情绪化的言语听起来像是咒骂，但它是一种能量，它让我成为今天的样子。

＊＊＊＊＊

我对失利的憎恨、对第二的不服，始于克罗克斯泰思。我的家人都很自豪，克罗克奇（Crocky）① 是一个让人引以为傲的地方。在我居住的那条街上，每个人都不希望自己或者家人失望。我家里并不算富足，但已足够撑起这个家庭，在我和弟弟们成长的过程中，长辈都会教育我们不能把任何事情当作是理所当然的。我们都清楚，如果想要得到某样东西，必须为之努力。大人们告诉我，回报不会轻易到来。我从爸爸、妈妈、爷爷、奶奶的身上学到了这一点。如果我努力的话，我知道我会得到回报。如果在学校努力学习，我会得到一件全家都钟爱的埃弗顿队最新款球衣或者一双新球鞋。这就是我工作动力的来源。

---

① 当地人对克罗克斯泰思的昵称。

这样的行为准则，这样的求胜欲也适用于学校之外。我曾经和伯伯里奇（Richie）在克罗克奇体育中心练习拳击，他的个头很大，有着拳击手常见的扁平鼻子，而且出拳很重。我从没有真正打过拳击比赛，但一周会练习 3 次，这让我更加强壮，也有了更加强烈的求胜欲。最重要的是，它让我有了自我信仰。

我认为在家庭里每位成员都应该充满自信，但我不认为只有我们家会这样。这是利物浦的一个普遍现象，克罗克奇的每个人都友好开朗、心直口快，我喜欢这种性格。我小时候就喜欢把这种自我信仰带到拳击馆里面去。如果对手的块头是我的两倍大，我从不会想看看他的个头，我会被击倒的！如果这样想的话，我在心理上已经被击倒了。每场比赛我都会这样想，我会赢的——即使是对阵比我块头更大的对手。拳击馆里有个家伙叫约翰·多奈利（John Donnelly）①，他比我年长，体重比我重，每一次和他打拳，里奇伯伯都告诉我要放轻松，他反而有点儿担心约翰无法制服我。

对我来说，足球场上的求胜欲和自我信仰是一开始就具备的，甚至在为校队喇沙（De La Salle）②效力的时候就有了。如果有人从我的脚下抢走皮球，接下来一个星期我都会在健身房内加强力量训练，不停地告诉自己不能让这种情况再次发生。比赛中没人能从我这里抢走皮球。

如果我看起来缺乏动力的话，爸爸就会对我施压。如果我周日下午有足球比赛的话，他总会来现场观看。他鼓励我要全力以赴，有时候他比我还紧张。他告诉我要更努力，多尝试。有一次比赛，天气很冷，我手都冻僵了，双腿好像两条冰柱。我跑向场边。

"爸爸，我必须下场了，这儿太冷了，我的双腿都没有知觉了。"

---

① 约翰·多奈利现在已经是一位蝇量级职业拳击手，鲁尼曾经考虑很久，也想成为一名职业拳击手，但他最后选择了足球。

② 一所天主教男子中学，位于克罗克斯泰思，是鲁尼的母校。

他的脸色变得很奇怪，看起来快要气炸了。

"什么？你很冷？"

他几乎不敢相信自己的耳朵。

"回到场内，多跑动，适应天气。"

我加大了摆腿幅度，让自己逐渐暖和起来。当时，我只有 9 岁，但我知道如果要达到爸爸的要求的话，我必须更能吃苦，才能成为一名好球员。

\* \* \* \* \*

被我视为英雄的人都是斗士。

我喜欢在电视上观看拳击比赛，特别是迈克·泰森（Mike Tyson）[1] 的比赛，因为他具备速度和侵略性，他的比赛也因此令人十分激动。他总是希望将对手击倒。当我和爸爸一起看埃弗顿比赛的时候，我最喜欢的球员是邓肯·弗格森（Duncan Ferguson），他和"铁拳"迈克（Iron Mike）[2] 一样都是战士，坚硬如铁，而且我佩服他永不放弃的精神，特别是比赛发展不顺的时候他依然不放弃。他总是全力以赴，也会爆射破门。他的比赛我可以看一整天。

我爱埃弗顿，我为他们而疯狂。10 岁的时候，我写信给俱乐部，希望能担任一场比赛的出场球童。几周后，家里收到一封信，上面写着我被选中了。我十分高兴，因为这意味着我可以在利物浦主场安菲尔德（Anfield）进行的默西塞德（Merseyside）[3] 德比上与球队一起进场。我和我们的队长戴夫·沃森（Dave Watson）以及利物浦的约翰·巴恩斯（John Barnes）一起进场，球迷喧闹的声音让我觉得难以置信。随后，我又到禁区内对着我们的门将内维

---

[1] 前美国职业拳击手，世界重量级拳王。

[2] 迈克·泰森的绰号。

[3] 默西塞德郡位于英格兰西北部，第一大城市是利物浦。

尔·索夏尔（Neville Southall）射门。本来我只需要轻轻地将球回传给他，但我觉得实在无聊，所以将球吊起，皮球越过他的头顶入网。我看得出来，他有点儿不高兴，所以他用手抛球给我后，我又来了记吊射。

*我只想进球。*

几年后，我成为古迪逊公园球场的捡球球童。守门的还是内维尔，当我准备去捡一个被踢偏的皮球时，他开始朝我大声呼喊："快滚去捡球，你个球童！"他的喊声把我吓得魂飞魄散。之后几年，我常常对学校的伙伴们抱怨这件事。

那天下午在安菲尔德，加里·斯皮德（Gary Speed）为我们攻进一球，这把我高兴坏了，因为他是我最喜爱的球员之一。我看得出来，他踢球十分努力，是球员中的好榜样。有人告诉我，他也是从小就支持埃弗顿。所以之后妈妈给我买了一只宠物兔子的时候，我给它起名为"斯皮多（Speedo）"[1]。两天后，那位真正的斯皮多和纽卡斯尔（Newcastle）签约，我的情绪低落了好几天。

\* \* \* \* \*

我的训练和吃苦终于有了回报。

9岁的时候，有俱乐部的球探来考查我，然后我加入了埃弗顿，梦想成真。随后，我和俱乐部更年长的梯队一起踢球，而不是自己年龄的那个组别，因为与同龄人相比，我的技术更好、身体更壮。有点儿疯狂的是，平时训练的时候，我并不认识和我同龄的那班孩子，因为我从没有和他们踢过球，一点儿都不了解他们。我14岁的时候就已经跟U19的队伍一起了。我还是一个孩子，却跟这些几乎成年的家伙一起踢球，既可以进球，又能成功抢断。这种感

---

[1] 加里·斯皮德的绰号。

觉真的很美妙。

情况也越来越好。15岁的时候我已是埃弗顿预备队的一员，16岁又加入了一线队。我知道我可以踢这个级别的足球，因为我一直脚踏实地，埋头苦干，在队伍中获得机会是对我的奖励，正如之前父母教导我的一样。有些教练还不确定我是否足够强壮，但我知道自己可以和这些职业球员一起踢球，因为和伯伯里奇的拳击训练让我练就了一身肌肉。

当我们坐镇主场和曼联预备队比赛的时候，有位教练建议我们和加里·内维尔（Gary Neville）硬碰硬，当时他是曼联一线队的明星球员。老特拉福德以外的每个人都很讨厌加里·内维尔，因为他是彻头彻尾的曼联人，他也总是在场上表现出这一点。

比赛开始后不久，我在一次头球争顶中和他正面交锋。我的肘部不小心碰到了他，当我回头看他怎么样时，他甚至一点儿反应都没有。随后，我们又一起争夺球权，他从身后迎了上来，狠狠地撞了我一下。

关于足球比赛，我又上了一堂课。

\* \* \* \* \*

这十年来，我一点儿也没有变。在职业生涯中，我在球场上也贯彻着克罗克奇的精神。卷起袖子，咬紧牙关，踢我的球，帮助曼联取得了一个又一个的进球。比如在 2010 年 1 月那场曼联与阿森纳的比赛。比赛中对方门将曼努埃尔·阿穆尼亚（Manuel Almunia）踢进乌龙球，我们 1：0 领先。阿森纳是我们联赛争冠的对手之一，击败他们在某种程度上将有助于我们夺冠。我知道如果我们再取得一粒进球的话，拿下比赛就不成问题了。幸运的是，第 37 分钟的时候我又帮球队攻进一球，这次破门源于我永不放弃的拼劲儿。

当时我正在回防，回撤到本方后场，做着一些脏活儿，一些前锋并不会做的活儿。我在本方禁区前沿获得球权，把球停好后传给纳尼，然后转身就冲刺起来，一边跑一边观察阿森纳后防的站位。我可以看到他们的边后卫盖尔·克里希（Gael Clichy）就在我身边，但我的注意力全在纳尼身上。他沿着边路狂奔，我知道如果我能拼命跑到一个好位置的话，球会传到我的跑动路线上。他的确这么做了，我调整好步伐紧接着就射门，球越过阿穆尼亚，我们进一步确保了对阿森纳的优势。

三分进账。

每当球迷谈论那些具备求胜欲的球员时，他们总会想到抢球机器，还有拦截型中场，但对我来说求胜欲有着另一番意义。求胜欲是我对阿森纳的那粒进球，是向前接球时的那几秒冲刺，即使球可能不会传过来；求胜欲是先在边路活动，然后冲向禁区，接着回撤防守；求胜欲是冒着受伤的危险射门；求胜欲是全心付出，永不放弃。

对阵阿森纳那场比赛的数据很快就出来了，英超联赛每轮都会得出这么一份报告。我们的体能教练托尼·斯特鲁德维克（Tony Strudwick）在训练时来到更衣室，跟我们分析这些数据。我从他口中得知了第二粒进球产生前我的冲刺速度。结果显示，我在短得令人发指的时间内跑了 60 米。

"如果你用同样的速度接着跑 40 米的话，你的百米速度将达到 9 秒 4。"他说完后，微笑地看着白板。

大家都乐了。这速度比尤塞恩·博尔特（Usain Bolt）[1]的还快。

* * * * *

有时候，我的求胜欲也会过头。每次进球的时候，我的大脑都会一片空白，但这种感觉在极度愤怒的情况下也会出现。

2009 年 3 月，我们客场挑战富勒姆（Fulham），优势完全不在我们这

---

[1] 牙买加短跑名将，百米世界纪录保持者（9 秒 58）。

边，我还犯了严重的错误。此前一个星期，我们已经输给了利物浦，主教练希望我们在这场做客克拉文农场（Craven Cottage）①的比赛中反弹。不过，我们反而先丢一球，裁判判罚斯科尔西在禁区内故意手球，将他红牌罚下的同时还给了对手一粒点球。下半场，我替换贝尔巴托夫登场，随后吃到一张黄牌。

我上场后一直被对手侵犯。比赛还剩一分钟的时候，队友开出任意球找到我，对方又一次碰到我的脚踝，但裁判却把球权判给了对手。我十分愤怒。我用手接住来球，打算把球扔回给强尼·埃文斯（Jonny Evans），但是失去了准星，皮球从裁判身边快速飞过。

他以为我是想把球扔向他。

*噢，上帝，麻烦大了！*

我被出示第二张黄牌，两黄变一红被罚出场。比赛结束。

我只想到一件事。

*这会让我们赔上整个赛季的努力。*

两连败，而且还要停赛一轮，我面如死灰。愤怒风暴降临了。当我走下场的时候，球迷们开始发出嘲笑声。我的身体里一片沸腾，头脑嗡嗡作响。在这样的情况下，我有时候会异常生气，也不知道自己会做出什么事情。幸好，没人挡住我的去路。我首先看到一面角旗，上去给了它一拳。回到更衣室的时候，我挥拳猛击墙壁，手差点儿破皮。

保罗·斯科尔斯已经坐在那里，他盯着我，就这么静静地看着，好像我用右勾拳击打水泥墙是一件很正常的事情。他已经冲完凉换好衣服，穿着俱乐部的西装，看上去很时髦。

"你也是？"

我点点头，我的手痛死了，我担心骨头已经碎了。

*韦恩，做得好。*

---

① 富勒姆的主场。

我们俩都没有说话。我穿着球衣坐在那里，浑身上下冒着热气。然后，我的脑海中闪过一丝恐惧。

*噢，上帝啊，主教练会杀了我的。*

我听到终场哨声响起，球迷发出一阵呼喊声。我们输了，比分是0：2。我听到鞋钉踩在水泥地上的声音，球员们正走回更衣室。门开了，大家都坐了下来，但没有人说话。

一片沉寂。

没人看着我。吉格斯、强尼·埃文斯、里奥、埃德温·范德萨，他们全都盯着地面。然后，主教练走了进来，开始愤怒地训话。

"作为一支球队你们烂透了！"他尖叫道，"我们什么表现也没有！"

他指着我，十分愤怒，脸色发红，同时嚼着口香糖。

"还有，你必须冷静下来，放松点儿！"

主教练说得对，我应该放松，但他和我一样都很清楚，拒绝失败的念头驱使着我们踢球以及做任何事情，他和我一样都是这么想的。

*我们俩都痛恨做第二名。*

\* \* \* \* \*

看吧，求胜欲太强也不总是好事。

与富勒姆的比赛后，我很担心人们会如何看待我的为人，因为他们看到了球场上的那一幕。他们在电视上看到我给了角旗一拳，还大喊大叫，他们一定觉得我在生活中也是这样的。他们看到我凶狠地铲断，可能以为我是恶棍。有时候，当我推着儿子凯与妻子科琳一起逛超市时，人们会盯着我，惊讶得合不拢嘴，好像我应该穿着球衣、球鞋，戴着护腿板，与收拾手推车的人争吵，或者暴躁地踢倒一堆厕纸什么的。

*我哪有这么不堪，这也差得太远了！*

我怎么会是这样的呢？

　　与别人初次见面时，我一般很安静，也很害羞。我并不会轻易敞开心扉。交谈的时候，我绝对不会表现得很粗鲁；和家人、朋友聊天的时候，我也不像和对方后卫或者队友那样大吵大闹。即使事情没有如我所愿，我也不会叫他们"滚开"。看朋友玩游戏的时候，我不会去关掉电脑。只有竞争的时候，我才会失去仪态，而且是只有我输的时候才会。我并不以此为傲，但我一直都是这么过来的。显然，我有两种截然不同的心态：一种在比赛中驱使着我，一种在生活中陪伴着我，我不会混淆它们。

第二章　家

老特拉福德的球员通道见证着比赛的胜负，当我第一次以曼联球员的身份站在那里的时候，我觉得它仿佛绵延了数英里：又长又黑，而且天花板很低。球员们走向球场的时候，一个挨着一个，几乎肩并肩，因为通道十分狭窄拥挤。最后，我的视线越过球员、官员、摄影师的脑袋，穿过延伸至球场的红色顶棚，落到既明亮又模糊的绿色草皮上，还有照明灯和人群，一些曼联球迷围在墙边，大声喊着，挥舞着旗帜。

　　那是在 2004 年 9 月，曼联对阵费内巴切的比赛。我即将在欧洲冠军联赛中上演一线队处子秀，这是我做梦都想参加的赛事。

　　场内的喧哗声听上去很狂热，67128 名球迷的呼喊声十分响亮。当我第一次代表埃弗顿来到这里的时候，这些助威声压得我几乎喘不过气来，像是患上了幽闭恐惧症一样，也像是在踢一场杯赛决赛，让我头痛不已。现在，这些声音让我充满力量，不过我可以理解为什么有些球员会有被困于此的感觉。因为站在老特拉福德的球员通道里，就像被关在一个盒子里一样。如果是第一次来到这里，而且身边站着曼联队员，会让人感到十分恐惧。由于球迷的期望值很高，所以想要在这群球迷面前踢好球，球员们必须应对好这一切。

主教练深知这个地方的重要性，气氛是如此重要，所以他会去了解对手阵中哪些球员来过老特拉福德，哪些是第一次来做客。他会在赛前告诉我们，谁会感到害怕，他希望我们知道这些。有时候，我们已经准备上场，他就给我们列出对手阵中的一些球员，跟我们说这些球员是第一次做客老特拉福德，这意味着他们可能会状态不佳。

　　不久之后，我自己也发现了这个现象。有些球队，通常是升班马，他们的球员从通道走向球场的时候会面露恐惧。他们看起来像是在面对整个赛季甚至职业生涯中最重要的一场比赛。我看得出来，他们对此十分重视，希望能在这样一个场合中好好享受。他们的目光找到坐在看台上的亲人，然后微笑着朝他们挥挥手，仿佛这是自己人生中最大的成就。当他们走出球员通道，从角球区走向中圈的时候会想着这样一件事：*我的天啊，这可是在老特拉福德*。这对我们来说是一个好消息，他们如果分心的话就很难从这里偷走分数了，这对他们来说是一个坏消息，因为他们在心理上已经 0：1 落后了。

　　现在，我即将第一次穿着曼联球衣，走过这条通道。

　　今天的事情都与我的签约和比赛有关。我加盟曼联将近两个月，但连一分钟都没为一线队出场过，因为我在参加 2004 年欧洲杯的时候弄伤了脚骨，这让每个人都烦恼不已，因为俱乐部为我花了很多钱。不过，球迷们依然对我很好。我看到他们在电视上说，很高兴在曼联看到我的身影，但我唯一担心的是，他们可能需要一段时间来接受我，因为我是利物浦人。也许，我需要做出一些十分特别的事情来赢得他们的欢心。

　　不过，他们今晚是支持我的。在我踏入球场之前，球迷们甚至已经开始高喊我的名字：

　　"鲁尼！"

　　"鲁尼！"

　　"鲁鲁鲁鲁……尼尼尼尼！"

　　在耀眼的照明灯下，我浑身一阵战栗，这是我第一次身穿这件红色战袍，十分紧张。

现在，无论什么时候观看这场比赛的录像，我都会大笑不已：我嚼着口香糖从通道里走出来，走在草皮上的时候眼睛一眨不眨。我直视前方，尝试着去聚焦。摄像机拍到我鼓起的胸膛，我的眼睛越过人山人海的看台，盯着前方的那一片天空。我并没有盯着什么具体事物，只是看着球迷上方那块空白处，它看上去像是在无限延伸似的，有大片的红色、黑色、白色，还有一小块黄色和绿色。

我要好好享受这些喧哗声。

我不想转身。

我不想知道这一切是多么壮观。

*我的天啊，这可是在老特拉福德。*

＊＊＊＊＊

在此之前，一切都那么安静。

赛前我坐在更衣室里，看着每个人在那里做准备。我看着联赛中的那些大牌球星在做准备：边锋瑞恩·吉格斯（Ryan Giggs）在伸展他那瘦小的身躯，加里·内维尔在前面跳跃，荷兰前锋鲁德·范尼斯特鲁伊（Ruud van Nistelrooy）和里奥·费迪南德在进行两脚传球，皮球在水泥地板上弹来弹去。这里的气氛和埃弗顿截然不同。

在古迪逊公园，赛前的更衣室十分吵闹。大家喊着、叫着，在那里发布指令。我渐渐明白，有些球队必须依靠精气神才能赢得比赛，他们必须比对手更加努力。炒热更衣室的气氛可以树立更加坚定的态度，也有助于让对手心态失衡。在对阵费内巴切的比赛前，我注意到每位曼联球员都在用自己的方式平静地做着准备，没有人大喊大叫。他们知道如果发挥出色的话，赢下比赛是没有问题的，没有必要吵吵闹闹。

我觉得，我来对地方了。

\* \* \* \* \*

比赛开始后，我很快就传出一脚好球。当然，这场比赛由我来开球，这一脚开球我当然不会失误。我的第一次真正触球是在几分钟后，我想说的是我接得不错。我不停地跑着，肾上腺素不断分泌。

我要让每个人眼前一亮，我想展现自己的能力。

随后，我在第 17 分钟的时候攻进了我的曼联处子球。

鲁德传给我一记直塞球，我一对一面对门将，一切都似乎慢了下来，这是踢球时最奇怪的感觉。我跑到对方禁区，感觉花了一个小时，好像在黏稠的淤泥里跑步。我的大脑运转过度，这种情况在这样的局面下经常出现，它像电脑般计算着进球所需要的步骤。

对方门将是不是失位了？

对方后卫在接近我吗？

我应该过掉门将吗？

我应该早早射门吗？

如果我尝试穿裆射门最后却射偏的话，会不会很傻呢？

这种情况下的一对一可能是比赛中最难应付的，因为有太多时间去考虑各种因素，有太多思考的时间了，多得让一件简单的事情变得复杂化。

我还是射门好了，看看会发生什么。

我用尽全力射门，皮球如火箭般飞进球网。老特拉福德变得疯狂起来。虽然不是很肯定，但我相信现在没有人会介意我是不是利物浦人。我开始放松下来，感觉还能更好地展现自己，可以尝试更多。不久之后，瑞恩·吉格斯传球找到我，我肩膀一沉过掉对方后卫，随即把球轰进球门下角。现在，球迷们再次高喊我的名字；现在，我敢于梦想这么一件事了。

*要是在老特拉福德上演帽子戏法，会是怎样的情形呢？*

下半场，我找到了答案。我们在费内巴切禁区前沿赢得任意球，吉格斯能力出众而且经验丰富，他把球放下，准备主罚，但我也想要这个任意球。我信心爆棚，也想抓住这次机会，就像我在里奇伯伯的拳击馆里边面对比我强大的对手一样。我知道我会进球——这很疯狂，我几乎可以感觉到它即将发生。

"吉格斯，我会处理好这个球的。"

他把球交给了我，我射出一道弧线，皮球飞进球门左上角，就是这么简单。第三粒进球，我在老特拉福德的处子秀上演了帽子戏法。

我们以 6∶2 的比分赢得比赛，赛后在更衣室内，大家看上去都有些吃惊。我想，没有人会相信我刚刚所做的一切，我自己也没反应过来。里奥坐在那里摇了摇头，他看着我，就像我刚刚从外太空着陆一样。我看得出来，加里·内维尔和吉格斯这样的老将也在想着同样的事情，但他们没有表露出来。也许，他们已经在埃里克·坎通纳和大卫·贝克汉姆（David Beckham）这样的球员身上看过太多如此精彩的演出，所以他们保持沉默。也许，他们不想这么快就夸奖我。对他们来说，我这个帽子戏法再平常不过，对主教练来说也是如此。他握了握我的手，告诉我为自己的曼联生涯开了个好头。

*没人忘乎所以。*

我们之后没有举行大型的庆祝派对，没有人喝醉，也没有人出去逍遥。我知道，有些球员如果在处子秀上演帽子戏法的话，会和队友一起出去找乐子。不过在曼联，大家都回家了。但我没有，因为我暂时无家可归。我和科琳正在找房子，现在仍然住在酒店里。所以，为了庆祝我的曼联生涯正式开始，我们叫了客房服务，在电视上看了比赛精华，这一切看起来是多么奇怪啊！

*我觉得有些麻木。*

我一直都很清楚，签约曼联会让我的生活发生巨变，但我没有想到是这么巨大。最奇怪的是，我不觉得自己在做什么特别的事，也不觉得自己是一个特别的球员。就算是孩童时期为埃弗顿效力的时候，我也没这么想过。今晚，我们喝着客房服务提供的茶，我觉得十分自信，相信自己有能力帮助曼联赢得比赛和奖杯，但我知道球队的其他人同样有能力做到这一点。

在老特拉福德，我一点儿也不特殊。我不是一名出色的球员，但觉得自己可以帮助曼联成为一支出色的球队。虽然我在这里开局不错，但很快就惹恼了罗伊·基恩。

基恩在球场上是一名领袖，我在训练场上就看出了这点。他经常高声呼喊，以身作则鼓励队友，但很少发号施令。他只是要求很高，经常告诉我们要更加努力。

在场下，他对我们的要求也很高。

我第一次客场比赛是对阵伯明翰城（Birmingham City，0：0打平），比赛前夜大家在酒店里坐着喝茶。这是一个不错的地方，我们可以独自享用一间餐厅，还有等离子电视可以看。罗伊在观看英式橄榄球比赛，不过我趁他起身去洗手间的时候，拿起遥控器换了频道，这样大家就可以一起看《X音素》（*The X Factor*）[①] 了。随后，我把遥控器藏到自己的运动服口袋里。

罗伊回来后，看到电视上西蒙·考威尔（Simon Cowell）[②] 的那张脸，便不高兴起来。于是，他开始大叫：

"谁换台的？遥控器在哪里？"

我没有说话，其他人也没说话。大家开始环视周围，想避开他的目光。

"好吧，如果没人看这个节目，那我就把电视关了。"

罗伊走到电视前，把插头拔了下来。大家都坐在那里，保持沉默。除了餐具和餐盘碰撞的声音之外，周围鸦雀无声，气氛很沉闷。

吃完饭后，大家都匆匆离开了。但是，午夜时分，有人敲我的房门，是俱乐部的保安。

---

① 英国音乐真人秀节目。
② 《X音素》评审。

"韦恩,"他说道,"罗伊叫我来的,他想知道遥控器在哪里。"

我明白了,罗伊想用自己的方式告诉我,他对发生的事情一清二楚。

这传递着一个信息。

*我的麻烦大了。*

我把遥控器交了出去,担心接下来会发生什么事情。不过,罗伊隔天并没有说什么。

\* \* \* \* \*

一开始和曼联签约的时候,我回想起自己以前在电视上看着他们赢得奖杯、联赛夺冠的情景,而且这样的情景经常发生。我看到一些曼联旧将在接受天空体育新闻频道(*Sky Sports News*)或者《足球聚焦》(*Football Focus*)节目[1]的采访时,他们的名字总会以这样的形式出现在电视上:"史蒂夫·布鲁斯(Steve Bruce)——英超冠军成员",或者"泰迪·谢林汉姆(Teddy Sheringham)——三冠王成员"。

*我希望我也可以像他们一样。*

不久之后,当我第一次在卡灵顿基地训练时,加里·内维尔给了我一些建议。他说:"在曼联,无论你有多大的成就,无论你获得过多少奖牌,永远不能认为自己已经成功了。"

再次见到加里·内维尔,我有一点儿紧张。毕竟在那场预备队比赛中我肘击了他一下,我担心他记恨这件事。更糟糕的是,在我加盟之前,有一家报纸说加里讨厌利物浦人。他在报道中说:"我无法忍受利物浦,无法忍受利物浦人,也无法忍受关于他们的一切。"我有点儿担心和他相处会不融洽。

---

① 英国广播电视第一台(BBC One)的一档足球节目。

我问他是不是真的说了这些话，是不是真的讨厌利物浦人。他告诉我那是一派胡言，他常常谈起80年代的那支利物浦，他是看着不断夺冠的利物浦长大的。他讨厌这支球队，但并不是针对这座城市的人，只是针对这家俱乐部而已。这对我来说已经足够了，作为埃弗顿人我也很理解他的想法。

我马上就喜欢上了加里，他是一个很有趣的人。热身训练的时候，我们会在训练场上的一块区域内玩抢圈游戏。有一次我把球传丢了，我听到他在我身后嘲笑道："见鬼了，我们花了多少钱挖角瓦扎来着？"

训练赛结束后我们一起吃午餐，他在那里说个不停，话题一个接着一个，不过让人挺愉快的。有时候，他一激动就会提高说话分贝，说起音乐，说起自己吉他弹得怎么样，也说起足球。他就像没有时间停下来呼吸一样，特别是谈到曼联的时候。他是我见过的最激情四射的球员。此外，无论在场上还是场下，他都是一个强硬的人，他总是做出铲断，而且我注意到，主教练在更衣室里批评加里·内维尔的次数也要多于其他任何人，因为他应付得来。

上场比赛的时候，他是主教练精神的代言人，他们同样有着雄心壮志和求胜欲。有一场比赛我和他一起坐在替补席上，他甚至表现得跟主教练一样。他观察我们的踢法，研究对手的战术。比赛还剩20分钟的时候，他让一位青年队球员去场边热身，惹得我们哈哈大笑，主教练甚至不知道这件事。他甚至在教练背后传授上场后的计划。

加里、保罗·斯科尔斯、瑞恩·吉格斯这样的球员，给球队带来了丰富的经验。我加盟曼联的最初几个月，有时候会遇到一些表面实力不如我们的球队，但他们是用生命在防守，甚至在老特拉福德几乎是侥幸得手。他们和我们纠缠在一起，拼尽全力抢断；每次我们赢回控球权，他们就在自家球门前摆起大巴。这个时候，我绝望了，失去了耐心，开始选择冒险的长传球，或者肆意射门，为赢得比赛做最后一搏，但加里让我冷静一下。

"多尝试，瓦扎。多传接，会有机会的。"

十有八九，他都是对的。

我并不是唯一一个听从建议的人。前一个赛季，有个叫罗纳尔多（Ronaldo）①的年轻人以1220万英镑的不菲价格从里斯本竞技（Sporting Lisbon）加盟而来，大家都在说他会和我一起成为俱乐部的未来。不过，他好像没什么本事，虽然脚下活儿很好，但瘦得皮包骨。他戴着牙套，头发抹得发亮，脸上还有斑。罗纳尔多看上去就像个男孩，很难想象我们的年纪其实差不多。

*我很好奇，他会有怎样的表现呢？*

\* \* \* \* \*

在我渐渐适应俱乐部之后，曼联的影响力让我大吃一惊。我在家看新闻，无论镜头是在中东、非洲，还是其他任何地方，总会出现小孩子穿着老旧的曼联球衣的画面。一开始，这可把我吓坏了，但这就是名气带来的影响。

我第一次听说球迷去埃弗顿俱乐部商店买我的球衣的时候，那种感觉很难形容。在街上碰到有人索要我的签名时，我总是困惑不已。第一次发生这种事情时我才14岁，当时是在踢埃弗顿青年队的比赛。终场哨声响起后，有个家伙找到我，希望我给他签名。

"我会留着这个签名，等你长大后会值很多钱。"他说道。

在电视上看到自己，这种感觉就更加奇怪了。2002年与阿斯顿维拉（Aston Villa）的青年足总杯比赛，两个回合我都参加了，而且也获得了全场最佳的称号，但我们还是输掉了比赛。有一场比赛后天空体育台采访了我，我回家后回看了这段采访，因为我妈妈把它录下来了。我讨厌这段录像，因为里面那个人看起来不像我，声音听起来也不像，感觉太奇怪了。

在曼联，我马上就意识到在这里会得到更密切的关注，球员都被当成摇滚明星一样看待。这挺让人害怕的，因为球队到哪里都会有球迷，不管我去哪儿

---

① 克里斯蒂亚诺·罗纳尔多（Cristiano Ronaldo）。

都有人认出我来。在街上，无论男女老少，都会上来索要签名，虽然大多数时候我的感觉良好，但有时候觉得有些过分。我毕竟才 18 岁，有时候很难应对别人对自己的关注。

每次我去购物，第二天就会在报纸上看到自己的照片。有一天晚上我外出吃饭，和家人坐在一起的时候，旁边的人盯着我指指点点。我看起来就像是杜莎夫人蜡像馆（Madame Tussauds）① 里的一尊蜡像，而不是一个人。有一群人开始跟隔壁桌的家人说："韦恩·鲁尼坐在那边。"然后，他们开始指来指去，用手机偷偷拍照。如果在商店里的话，我会很高兴为他们签名，摆姿势拍照或者交流几句，但吃饭的时候，这样就有些过分了。

我决定不跟朋友抱怨名气的事，也不会跟俱乐部的人抱怨，因为这是其他大多数球员的困扰。签约曼联就意味着要时刻处理这样的情况，这是我工作的一部分，但我知道我会迅速成长起来，我会学着在镁光灯下生活。

在和费内巴切的比赛后不久，有一天下午我去加油站给汽车加油。我刚拿起油枪的时候，有个家伙在我旁边停车，然后摇下车窗。

"嘿，韦恩，你自己动手加油啊？"

*说得好像其他人不这么做似的。*

---

① 全世界水平最高的蜡像馆之一，摆放着许多名人蜡像，在全世界很多地方都有分馆。

第三章　卡灵顿

主教练办公室在曼联的卡灵顿训练基地深处，位于更衣室楼上、食堂旁边。如果有人在周一的午饭时间走进俱乐部，即使事先不知道周末的比赛比分，也完全可以根据主教练的肢体语言得知曼联的比赛结果。吃午饭的时候，他会在餐桌旁说个不停，逗人哈哈大笑，与人聊天、开玩笑或者沉默，总之一切都写在他的脸上。

　　如果我们赢了，比如和费内巴切那场，他会对着每个人大笑，会谈论上一场比赛，为下一场比赛的到来兴奋不已。如果我们真的踢得很好，他会在我们吃午饭或者换衣服的时候说一些不好笑的笑话，然后大声问一些无聊琐碎的问题。

　　"小伙子们，哪些现役英超球员获得过世界杯冠军？"他问道。

　　他会让我们猜很久，我觉得起码有一半的问题他是不知道答案的。即使他知道答案，我们之后缠着他的话，他也不会告诉我们。

　　如果他心情真的非常好，那么故事就来了。他会说起自己的球员生涯，谈到自己在邓弗姆林（Dunfermline）和流浪者（Rangers）①担任前锋时进的

---

① 格拉斯哥流浪者（Glasgow Rangers）。

那些球。他会说到自己背部受伤仍坚持比赛的故事，显然球队每个人都听过了——他会说当时有多痛苦以及是怎么受伤的。主教练的这个"断背"神话讲了很多遍，所以不久后我就知道了故事的来龙去脉。不过，这一点儿也不妨碍他继续讲下去，特别是在他觉得应该讨论伤病的时候。有趣的是，虽然他总是说起过去踢球的日子，但我从未看到过任何关于他进球的影像资料，所以我不知道他踢得多好或者多差。我甚至怀疑他那出色的球员生涯都是编造出来的。

在到了俱乐部的最初几个月，我就知道如果卡灵顿的气氛不错，我们赢球后，是可以随时走进主教练办公室的，哪怕只是聊聊天。老实说，我很喜欢去那个地方。那是一间大房子，比我见过的某些更衣室还要大。里面有一面大窗户，可以看见训练场，所以他能看到场上发生的一切。

"韦恩，如果你需要和我谈谈的话，门随时开着。"他说道。

我第一次去那里是在处子秀之后不久，我们谈了比赛，谈了接下来的对手，还谈到如何利用对手的缺点赢球。我们讨论了联赛的争冠形势，以及英超中最好的球员。他认为切尔西（Chelsea）很强，阿森纳和利物浦也是。他还告诉我怎么让球队踢得更好以及我和罗纳尔多接下来怎么做。我们也谈到了马，他跟我说起他的藏酒——显然，他家里有一个很大的酒窖。他也不提退休这件事，虽然很多人在他这个年纪会很乐意退休。不过，我猜这正是衡量一个人的标准，这正是他区别于其他人的地方。

如果我们踢得不错的话，我甚至可以和他一起说笑。在他宣布下场比赛首发名单前几天，我就告诉他，我已经知道谁会上场了。

"老板，谁会和我搭档锋线呀？还是说我会出任单前锋？"

他大笑起来。"噢，所以你觉得自己会上场了，是吧？那么，你觉得名单上还会有谁呢？"

我飞快地说出一串名字。

"是的，你说得也没有太离谱。"

随着赛季的进展，我发现唯一不喜欢去他办公室的时候，就是他叫我去的时候。这通常意味着他对我做的一些事情不满意，或者有什么事情我没能成功做到，而且去见他通常发生在一天的训练结束之后。球员更衣室里有一部电话，每当它响起的时候，大家都知道接下来会发生什么：那是主教练的召唤。然后，有人会接起电话。

"你能叫韦恩来我办公室吗？谢谢！"

这时候，大家开始发出一些搞笑的声音，好像我会有大麻烦似的。有人会长吸一口气，或者吹起口哨，就为了让我紧张起来。

就像 2005 年 1 月那一次，当时我们在备战和利物浦的比赛，主教练打来电话。当我来到办公室并坐在一把长椅上的时候，他说我踢得不够好。他告诉我，我在场上的时候头脑不清醒。

"韦恩，你要开始更加专注才行。"他说道，"我希望你把事情简单化，你踢得太靠边路了，我希望你留在禁区内。"

虽然我不同意他的说法，也觉得他这么说我是不公平的，但我依然听取了他的建议，而且认真接受了。在安菲尔德的那场比赛中，我尽量待在禁区内，没有拉边。然后，我用一种可能是最好的方式给了他答案：我攻进了制胜球。也许这就是他的计划，也许他是想刺激我。

如果输球的话，主教练的心情会变得很阴沉，他可以连续几个星期不和球员说话，也不开玩笑。他会在球队训话的时候和大家说几句，但就这样而已。如果有人在训练场上经过他身旁，他也不会跟那个人说一句话。我很快就意识到，如果我们的成绩不佳，最好不要出现在他身旁。我在俱乐部的最初几个月，如果输球后在食堂碰到他，就会选择避开。我拿好食物后，便低下头快速走到我的餐桌旁。

＊ ＊ ＊ ＊ ＊

有一幕深深地留在我的脑海里，那是在 2004 年夏天与曼联签约的时候，我第一次被正式介绍给主教练。以前代表埃弗顿和曼联比赛时，我和他说过一两次话——在球员通道里打个招呼，仅此而已。那天我加盟俱乐部，然后和他在卡灵顿见面，我高兴极了。

他开车接我去老特拉福德，一路上都在跟我说，我要如何融入球队以及他会怎么使用我。他还跟我介绍新队友：边锋瑞恩·吉格斯，英格兰国脚里奥·费迪南德，保罗·斯科尔斯和加里·内维尔，还有我的锋线搭档、进球机器鲁德·范尼斯特鲁伊。

我也说起以前代表埃弗顿出战曼联的事情，告诉他自己如何被那里的气氛镇住。当时，我甚至在比赛后告诉爸爸："我希望有朝一日可以为他们效力。"

这挺离奇的。这么多年来，我看着电视上的他和埃里克·坎通纳以及大卫·贝克汉姆一起，但从来没有想过这一幕会发生在自己身上。不久之后，消息传到家里，有位朋友给我发了信息。

"见鬼了！"他吼道，"弗爵爷居然带你去兜风，简直令人难以置信！"

主教练看上去是一个挺好的人，但隔天我就亲眼见识到了他那传奇般的影响力。那天下午天气很好，所以我开车回克罗克奇看望家人。在路上的时候，我看到父母在本地一家酒吧的停车场里，所以停下来和他们打招呼。我们决定去喝一杯，我点了杯无糖软饮。我在那里待了10~15分钟就回家了，但第二天，主教练让我去他办公室。这是我第一次被他训话。

"韦恩，你昨天在克罗克斯泰思的酒吧干吗了？"他说道。

我不敢相信这件事。我只在那里待了很短的时间，但已足够让人通风报信告发我。直到今天，我也不知道这件事是谁干的。不过，我离开办公室后就知道了一件事：*主教练耳目众多*。

在短短几周内，我了解到更多事情。主教练对足球比赛有着令人惊叹的见解，他了解比赛对手的一切，我指的是一切。如果有球员不擅长用右脚踢球，他很快就会发现；如果有边后卫不擅长空中对抗，他就会把对方当成潜在的攻击点；他还知道对方阵营每位球员的强项。赛前他会告诉我们，对手哪名球员会做什么，会出现在哪个位置，还特别叮嘱我们要小心哪些球员。

与我一起合作过的人中，没有一个像他一样注重细节，但这也是我为他效力的原因之一。而且，他赢得了足坛的一切荣誉：

英超联赛。

足总杯。

联赛杯。

社区盾杯。

欧洲冠军联赛。

欧洲优胜者杯。

欧洲超级杯。

世界俱乐部冠军杯。

丰田杯。

他的奖杯陈列室里摆着这么多战利品，这是不可否认的事实。

＊＊＊＊＊

十月份的时候，我迎来效力曼联的英超处子秀，对手是伯勒（Boro'）①，我们开局踢得很差。现在我明白了，我们踢球的时候主教练只有一个要求：胜利。

开场半小时后，我们一球落后，而且无法在比赛中站稳脚跟。我踢得不好，他在教练席上对着我大喊起来，我假装没有听见。我没有回头，不想和他有眼神接触。我知道他在喊话，但我真的听不清他在喊什么，球迷的呼声太大

---

① 米德尔斯堡（Middlesbrough）的绰号。

了。不过，我是绝对不会走近去听他在讲什么的，那太恐怖了！

他站在边线，让人觉得很可怕。

最终，我们以1：1和伯勒战平，但主教练并不满意，这是一场本该获胜的比赛。加盟曼联的最初几个月，我明白了即使到最后一刻我们也要继续进攻，不管比分如何——这是主教练的足球理念。他告诉我们，希望我们防守的时候能积极回防，进攻的时候能迅速跑位。他希望我们能引诱对手，让他们误以为自己很安全。"然后，他们会开始通过传球串联起来，越踢越有信心，"他告诉我们，"但这是个陷阱。这时候，我们应该赢回球权，然后快速传球通过中场，狠狠地惩罚对手，让他们没有任何机会。"

我们要多在边路寻找机会，然后通过传中球找到我和鲁德。在这个过程中，我的任务是利用对手防线上的漏洞，跑出好位置，来到他们身后。如果我在较深的位置接到球，那么我应该把它控住，让其他队友参与进来，比如罗纳尔多。如果球在边路，我就必须往禁区跑，争取接到传中球。

如果我们踢得不错，那么，卡灵顿就会变成一个欢乐的地方。对阵费内巴切的比赛之后，主教练允许我们在训练的时候好好享受一番。我们观看了比赛录像，欣赏那些踢得不错的片段，他告诉我们以后就这么踢。他希望我们保持胜利的势头，如果能够做到这一点的话，食堂也会变成一个欢乐的地方。

第四章　偿还

2004 年 10 月 24 日，阿森纳。

*势均力敌的比赛。*

这是一场势均力敌的比赛，因为十几年来，阿森纳一直是曼联的争冠对手。两队过去曾奉献过一些十分精彩的比赛，有过激烈的争球，有过 20 人的群殴，当然也有过红牌。

两队间最糟糕的一场比赛发生在上个赛季。当时，我还在埃弗顿效力，踢完比赛后，我打开电视观看这场比赛，然后看到鲁德和一些阿森纳球员在争吵——这样的场面是球迷喜闻乐见的。事件源于前锋迭戈·弗兰（Diego Forlan）赢得一粒点球，阿森纳球员开始抱怨其假摔。鲁德罚丢了点球，阿森纳球员就围了过去，当着他的面刺激他。他们之所以这么生气，是因为鲁德之前导致阿森纳队长帕特里克·维埃拉（Patrick Viera）被罚下。他们的反应十分可怕，特别是马丁·基翁（Martin Keown），他朝着鲁德大声尖叫，像疯子一样上蹿下跳。他的眼珠子都快突出来了，就像恐怖片里的僵尸一样。

现在，轮到我参加最激烈的英超比赛了。

比赛前，城里的人都在围绕着这场比赛进行讨论，报纸还在谈论上赛季的那场比赛，我一打开电视就会看到鲁德和基翁的混战。显然，这给鲁德造成很大困扰，因为他那段时间很安静。气氛不太对，他变得有点儿孤僻，在更衣室里也不像往常一样和大家聊天了。

我在很短的时间内就了解了鲁德的为人。他总是很专注，但这个星期他的脑海里在想着其他事情，这些事情让他分心了。没有人问他比赛的事，也没有人问他心情如何，但我看得出来，他想证明一件事。我觉得，对阵阿森纳罚丢的那粒点球，一定困扰了他好几个月。

比赛来临的时候，对阵双方蓄势待发——阿森纳球员甚至在赛前互相拥抱，就像即将参加一场战争一样。开赛后，老特拉福德的气氛变得十分恐怖，双方呈现敌对之势，形势十分紧张。那天是我的 19 岁生日，但没人在场上送我礼物。

不过，比赛挺均衡的。我们主场作战，在令人失望地战平伯明翰以及伯勒后，我们都期待能重启胜利模式。阿森纳此前 49 场不败，他们是一支伟大的球队——丹尼斯·博格坎普（Dennis Bergkamp）、阿什利·科尔（Ashley Cole）、蒂埃里·亨利（Thierry Henry）、帕特里克·维埃拉都参加了这场比赛，而且他们正处于巅峰时期，他们知道自己有多伟大。整个星期以来，他们都在没完没了地谈论着如果在老特拉福德实现 50 场不败该是多么伟大的事情。

他们的自信把我们惹火了。

*50 场不败？没门儿！在我们的地盘上这是不可能的。*

我已经意识到，如果一名球员想在曼联好好踢球的话，他必须这样想：

*任何人都无法轻易击败我们。*

比赛一开始就充斥着凶狠、快速的抢断，每次丢球都关乎战局。紧张的上半场结束后，我们带着 0 : 0 的比分进入更衣室。下半场，去年罚丢点球的鲁德得到一次弥补的机会。那是在第 73 分钟，我冲进禁区，索尔·坎贝尔（Sol Cambell）做出一次精准的抢断偷走皮球，但是他的冲力带倒了我。我倒在地上。这时听到一声哨响，我马上意识到裁判指向了点球点，因为球迷开始疯狂起来。不远处，阿什利·科尔和索尔都在抱怨，他们大喊我是假摔，认为没有碰到我的脚。有趣的是，他们既是对的也是错的：我的确没有犯规，但也没有假摔。事情一股脑儿地出现了，就等裁判做出决定。幸好，他给了我们点球。

大家开始看着鲁德，他已经把球拿在手上。虽然我也想罚这个点球，但我知道自己没有机会，因为他非常想罚，而且大家都希望他能罚进，是时候偿还了。我能感觉到整座老特拉福德球场都希望这个点球被罚进，但据我观察，鲁德好像没有准备好。我每天在训练中看他练习点球，他的罚球方式都是一样的。他会大力射门，门将一般束手无策。然而，这次不同，当他踏上点球点罚球的时候，改变了往常的方向，而且罚得很糟糕。我马上就意识到，如果阿森纳的门将延斯·莱曼（Jens Lehmann）猜对方向，会扑出这个点球的，因为球速并不快。

*我觉得他犯了个错误。*

鲁德的噩梦将会更加糟糕。一切似乎都静止了下来。但是，莱曼的判断有误，他扑向了相反的方向，鲁德罚进了点球，整座球场瞬间沸腾起来了。他松了一口气，跑向球迷。他没有望向队友、替补席或者主教练，但我能够想象到他脸上带着喜悦和释然。这大概是我见过球员在进球后最真挚的情感——看上去鲁德就像把整个世界从肩膀上卸下一样。

我追在他的身后，他跑向了角旗杆，双膝跪地，头向后仰着。他在大声喊叫，紧握着拳头。这让我想起了 1996 年欧洲杯英格兰对阵西班牙的四分之一决赛，斯图尔特·皮尔斯（Stuart Pearce）在点球大战中罚进点球的一幕。他当时整个人都疯了，1990 年世界杯对阵西德罚丢的那记点球就此还清。

现在，鲁德也一样。

这是纯真的情感。

我也想去庆祝，但我看到他抬头望着天空，享受着老特拉福德巨大的欢呼声，他需要自己享受这个时刻。这对他来说很公平，他配得上这一刻。

阿森纳的球员们看起来十分绝望，现在我们一球领先，形势很好，我知道我们不会让对手创下50场不败的纪录。这个想法驱使着球队在最后15分钟继续努力，我们的防守很出色，并且还在争取第二粒进球。于是，第90分钟的时候，我给阿森纳的棺材钉上了最后一枚钉子。

我们的中场球员阿兰·史密斯（Alan Smith）——这个来自约克郡（Yorkshire）、染着一头金发的小伙子，他在边路带球，于是我跑向禁区接应他的传球。我向前冲的时候，一位阿森纳后卫开始踢我的脚跟。那是劳伦（Lauren），他想绊倒我，但我是不会倒下的。我迫切希望为曼联攻进联赛处子球，所以尽力保持平衡。然后，我把球拨进了球门。

结果，2∶0。

这是我效力曼联的英超处子球。

*"祝我生日快乐！"*


\* \* \* \* \*


不久之后，终场哨声响起，我走进更衣室，脱下球衣。当时，里面只有几名队友，其他人还在球员通道里。我脱下衣服和短裤，把袜子褪到脚踝处，正想去洗个澡，突然听到喊叫声不断。我望向门外，看到队友和阿森纳球员面对面推搡着，正在对峙。虽然场面挺混乱，但大家只是嘴上吵着，并没有人动手打架。就像足球场上发生的那些冲突一样，并不是什么大事。

不过，阿森纳显然控制不住了。他们对自己的不败纪录被终结感到很不高兴，特别是在老特拉福德，而且两队间还有这么多恩怨。此外，我认为鲁德今天的进球让他们更加愤怒。

过了一会儿，一切都平静下来，大伙回到更衣室，再次享受这场胜利。就在这个时候，主教练走了进来，他看上去震惊不已。他换了一件上衣，身上穿的并不是比赛时的那件，看起来有点儿奇怪。

然后有人说道："主教练被人扔了一块比萨。"

我看着他。我们已经赢得了比赛，但他并没有像往常一样走来走去，和每一个人握手。他看上去有些焦虑，我从来没有见过他这样。

大家又开始谈论起比赛。

我们破坏了阿森纳 50 场不败的计划。

我们 2：0 赢得比赛，鲁德进球了。

我们看了看英超积分榜：

### 英超积分榜（2004 年 10 月 24 日）

|  | 场次 | 净胜球 | 积分 |
|---|---|---|---|
| 1. 阿森纳 | 10 | 19 | 25 |
| 2. 切尔西 | 10 | 10 | 23 |
| 3. 埃弗顿 | 10 | 4 | 22 |
| 4. 博尔顿（Bolton） | 10 | 4 | 18 |
| 5. 曼联 | 10 | 4 | 17 |

我们在与联赛领头羊对阵时赢得了一场伟大的胜利，与积分榜前几名十分接近，也许这场比赛会让我们重新评估这个赛季。不过，更衣室的气氛却变得有点儿奇怪。

＊ ＊ ＊ ＊ ＊

对阵阿森纳的比赛后，我们却阴沟里翻船，在朴次茅斯主场弗拉顿公园（Fratton Park）以 0：2 输掉了比赛。这场比赛过后，我们开始了联赛五个月不败的征程，包括再次击败阿森纳，还战胜了水晶宫（Crystal Palace）、曼城和维拉。我们直到 4 月初才被击败，0：2 输给了诺维奇（Norwich）。然后，我整个赛季都在期盼的一场比赛终于来临了：客场对阵埃弗顿，就在古迪逊公园。

*是时候勇敢地面对困难了。*

这是我加盟曼联后第一次来这里踢球，我知道埃弗顿球迷不希望我为曼联效力。实际上，他们痛恨我这么做。夏天进行转会谈判的时候，我家里曾收到过死亡威胁，我甚至要为我的爸妈配备私人保镖。

当曼联的大巴行驶在球场后街上时，我知道会发生什么。在成为一名球员之前，我已经无数次走过这条路，以前我甚至和爸爸一起步行去看比赛，当球童的时候也曾多次从这条路去球场。我知道，我们下车的时候会有上百名球迷等着给我们颜色瞧瞧。

我们拐弯进去了。

我可以看到警马和卖汉堡的车。

古迪逊公园球场出现在视线里，然后是一些等着我们的球迷。

*见鬼了，他们有好几千人。*

他们一伙人在俱乐部门口等着，人数众多，球队教练将车驶进停车场的时候，他们一直在发出嘘声。车上的每个人都知道，这些球迷在等着攻击我，所以他们开始摇我的大腿，想让我紧张起来。有人向这些等着跟我打招呼的朋友开起玩笑，紧接着飞来一块砖头砸在大巴上，然后是另一块。我听到玻璃碎裂的声音，十分可怕。有人扔了一个水瓶。我知道他们会给我好看，但没想到架势这么大。大巴开门后，我迅速下车，看了看全部的埃弗顿球迷。他们第一次见我穿着曼联的西装，随后就是震耳欲聋的嘘声和起哄声。

这是纯粹的愤怒。

气氛令人不安。埃弗顿是我从小到大都支持的球队，虽然我现在为曼联效力，但我依然希望他们有好的表现。好吧，今天不算，但他们是我小时候就梦想效力也的确效力过的球队。被这些曾经与我肩并肩站在看台上的球迷辱骂，真的很令人伤心。他们是我依然心系的俱乐部的球迷啊！

然后，我走进球场，一切看起来都是那么奇怪。

还是一样的建筑、一样的外观和装修，却已经物是人非。此时此刻，我站在自己成长的地方，站在这座让我踢出名堂的球场上，但感觉自己像个局外人。坐在古迪逊公园的客队更衣室里感觉也很不好。

*然而，我不会就这么被打倒的。*

我摒弃杂念，专心致志。那些埃弗顿球迷是吓不倒我的，他们反而让我更加渴望赢得比赛。我要进球，我要让他们看看我真正的本事，我要让他们闭嘴。我知道有些球员在和老东家比赛的时候乐意收获一场平局，但我不是这样的人。今天，我迫切想收获这场比赛的胜利。

开赛前几分钟，我们在球员通道里准备进场。听得出来，主场球迷非常期待今天的比赛。两队进入球场的时候，我听到了俱乐部的主题曲《Z 型车》（*Z-Cars*）。我从通道走到阳光下的时候，看到了格拉迪斯大街看台（Gwladys Street End），那里的球迷正发出巨大的嘘声。他们针对的人是我，我脖子后面的汗毛都竖起来了。现在，我真的兴奋了，立刻忘了自己是埃弗顿球迷。

*我今天必须进球。*

开场哨声响起后，意料之中的事情发生了：我第一次触球就有成千上万的人朝我发出嘘声，下一次触球也是，再下一次还是，下下次依然如此。我控制住自己的脾气，球队前 45 分钟也控制得不错，但下半场却变成了我们的噩梦。埃弗顿的气势起来了，他们把这场比赛当成了杯赛决赛，每一寸草皮他们都奋争到底。邓肯·弗格森，这位我孩童时期的英雄，在第 55 分钟为埃弗顿首开纪录。比赛中，加里·内维尔大脚把皮球开向球迷，被直接红牌罚下，斯科尔斯也在替补阶段吃到第二张黄牌，被罚出场。

全场比赛结束，当我带着一场失利走下球场的时候，埃弗顿球迷发出的嘲笑声和欢呼声掩盖了嘘声。

这是今天最糟糕的时刻。

* * * * *

我感觉有些进球并不是那么重要。在一场 4 : 1 的大胜中为球队攻进第 4 球的确不错，但不够特别。在一场 1 : 3 的失利中为球队攻进安慰性的一球，也没有任何意义。不过，帽子戏法总是会令人惊叹不已。

攻进一粒令人尖叫不已的进球就更好了，也许是因为它发生在电光火石之间，所以会让人大感惊奇。

四月份的时候，我在主场对阵纽卡斯尔的比赛中攻进一粒超炫的进球。那是一记 25 码外的抽射，我的脚像来复枪一样轰出这记射门，球越过谢伊·吉文（Shay Given）飞进纽卡斯尔的球门。有趣的是，进球发生前我正在和裁判争论。我们刚赢得一粒任意球，但是阿兰·希勒（Alan Shearer）把球踢开了，我当时想让裁判给他出牌。更气人的是曼联当时 0 : 1 落后，对方由达伦·安布罗斯（Darren Ambrose）先开纪录，雪上加霜，我还弄伤了小腿。主教练想把我换下。

比赛恢复后，皮球传到前场。我一边追着它，一边在裁判耳边喋喋不休，但我在禁区前停了下来。纽卡斯尔的后卫头球解围，但皮球正好落在我面前，高度刚刚好。我带着怒气，用尽全力射门，皮球像火箭般飞向球门上角。老特拉福德疯狂了。

*小腿受伤？小腿受伤算什么呢？*

第五章　刻苦

每天来上班都经历着相同的事情，沿着同一条路前往卡灵顿，遇到一些等待签名的人，他们手上拿着衣服、海报和一些以前比赛的音像制品。我开进停车场，把车停在宝马（Beemer）① 和奔驰（Merc）② 旁边。主教练的奥迪（Audi）③ 也在，他比其他任何人都要早几个小时来到俱乐部，晚上也可能是最后一个离开的。无论我什么时候到达或者离开俱乐部，主教练的车都一直停在同一个位置。

　　我走进俱乐部接待大厅，里面摆放着一座漂亮的老特拉福德球场模型，然后我穿过一条明亮的走廊，走廊的墙上挂着一些照片：有一张是著名的巴斯比宝贝（Busby Babes）；有一张是吉格斯和罗纳尔多在庆祝进球；还有一张是主教练身着时髦西装，看上去有些吓人。

　　穿过走廊，走过很多道门后，就来到了球队的更衣室。我听到有些队友

---

① 德国汽车品牌。
② 德国汽车品牌梅赛德斯 - 奔驰（Mercedes-Benz）的昵称。
③ 德国汽车品牌。

已经在里面大声说笑。加里·内维尔、达伦·弗莱彻（Darren Fletcher）、里奥，还有韦斯·布朗（Wes Brown），他们已经到了。

"瓦扎，一切都还好吧？"

我向他们问好，然后穿上球衣。每堂训练课前，所有的球员会在这里集合。这里看起来就跟小孩的卧室一样，地上散落着一些垃圾——有利宾纳（Ribena）①的纸盒，有关于骑行的杂志，还有一副全新护腿板的纸板包装，旁边是训练器材、人字拖鞋、毛巾。墙上挂着一台电视机，当轮到谁进行足部治疗或者按摩时，这台电视机就会通知他们；午餐的菜单也一直在上面显示着。也不知道是谁，把一只玩具猴塞进了架子顶层。此外，这里还有 iPod 的基座，我们可以播放音乐。

我的储物柜在角落里。有个调皮的家伙在我的柜门上贴了一张我和科琳几年前的合照，那是从一本杂志上剪下来的。有时候，我坐在这里换衣服，总是无法相信自己这么幸运。

*我是一名职业足球运动员。*

每天以踢球为生是一件很棒的事。有时候我听说一些球员不喜欢训练，但我很喜欢。我的意思是，有什么不喜欢的呢？规矩十分简单：九点半开始训练，迟到要罚款。只要是在工作期间，就得按照主教练说的去做，就这么简单。

今天我们会进行日常训练。大家一边说笑，一边做准备活动。然后，我们会开始第一个热身环节：在健身脚踏车上平缓地骑 20 分钟。

之后，我们会换上球鞋，来到户外。

我们在训练场上划出一块区域，进行抢圈训练，其中八人围成一圈互相传球，两个人站在圈内负责断下皮球。这项训练是为了让我们熟悉球感。随后，我们会在训练锥划定的距离内进行短跑冲刺，这是为了让肺部和小腿活动起来。

然后就是一天训练中我最爱的部分：训练赛。

---

① 葛兰素史克公司旗下的一款饮料。

我永远都不知道我们每天会踢哪种类型的训练赛。有时候侧重控球，其他时候则是熟悉战术。今天的重点是研究如何攻克下一个对手——查尔顿竞技（Charlton Athletic）。于是，主教练就站在边线看我们怎么踢球。他告诉我们，必要时刻要加快节奏。他让我们将球迅速传进禁区，还对我们的位置做出了改变。

踢训练赛的时候，每个人都想赢，即使是像今天这样的八人制比赛也不例外。大家频繁地抢断，既凶狠又迅速。

韦斯·布朗在盯防我的时候有些迟缓，他伸脚却没有够到皮球，反而踢到了我的脚踝。我当时就在禁区内，但本场比赛担任裁判的体能教练没有任何表示。我们队开始抱怨起来，我也非常生气。不久之后，韦斯在同一个地方再次侵犯我。他抬脚很高，鞋钉都亮出来了。这是一次无耻的犯规，但我们依然没有得到点球。然后，他跑向球场的另一边，还进球了。

主教练就在边线看着。突然，他叫停了比赛。

"小伙子们，冷静下来！抢断要小心，我不希望任何人受伤。"

随后，有一次我跑到禁区里，感觉有人轻轻碰了我一下，于是我决定假摔。我们训练的时候都会这么做。

*终于要判罚点球了。*

但是，还是没有。

现在，我真的怒了。

我开始朝着裁判大喊大叫，因为我迫切希望赢得这场比赛，就像我希望赢下对阵曼城、切尔西或者阿斯顿维拉的比赛一样。不出所料的是，场上开始出现争吵，这种事情几乎每天都会发生在训练场上。这种作战气氛，这股锋芒均来源于主教练——他希望我们把训练当成实战一样对待。

裁判吹响了哨子。

比赛结束了。

我很生气，因为我们输掉了比赛。但是，我继续留在场上射门，把一个个皮球踢向球门，大概踢了 10 分钟。这些都是日程的一部分：我要为每一个可能在周末比赛中出现的机会做好准备。

我凌空抽射。

我在禁区外远射。

我用胸部停球，然后射门。

我练了点球，也踢了任意球。

随后，球队的一位教练让我站着背对皮球。他从任意角度将球传进禁区，然后就喊我。我转身做出反应，并尽快完成射门。这有助于我在 18 码的区域内争夺球权——我希望能为一切做好准备。

我并不是唯一这样做的人。之后，我环视了一下训练场，看到不同的球员在进行着不同的训练。里奥在练习头球，我们的门将蒂姆·霍华德（Tim Howard）在应对传中球，吉格斯在练任意球。

在曼联，我们总是用各种方式来提高自己。

＊＊＊＊＊

人们总是没完没了地探讨进球的艺术，议论着进球是源于本能还是源于训练。说实话，我觉得两者都有。有些进球方式可以教出来，但天分是教不出来的。天分这东西，要么有，要么没有。

我觉得，我是有天分的，而且一直都有。当我还是孩子的时候，便对禁区内一些突如其来的传球很警觉。现在在曼联，我也是随时做好准备。我会注意每一个机会，不断猜测皮球下一刻会到哪里，然后为此做好准备。面对球权争夺和防守失误，我会出于本能地去观察、预判并冒险一搏。思考如何跑位——然后一对一面对门将单刀进球——是一项本领，有些球员有，有些则没有。这种能力会决定你一个赛季是进 5 个球还是 25 个球，不管什么级别的比赛都一样。

为曼联踢球，我必须对周围发生的一切做出不同的反应。如果我看到我们的边锋——比如罗纳尔多或者吉格斯，看到他们从禁区边缘射门的话，直觉就会告诉我跑到后点去。我知道皮球可能会偏离球门，所以我或许有门前推射的机会。如果射门的是斯科尔斯或者阿兰·史密斯，那么我会追着皮球等待补射。它或许会落到我的跑动路线上，或许不会。然而，即使尝试二十次只成功一次，一个赛季也可以多进两三个球。

这不仅仅是猜测射门或者传球的路线，还要懂得观察身体形态。在皮球从边路或者中路传出之前，我会先看看队友传球前处于什么位置。从他的跑位我可以大概判断出他当时在看哪里，然后我就跑到他视线落在的那个位置上。

如果我足够幸运，如果一切判断都正确，我就有可能进球。接下来就由另外一些因素决定了：我的控球，我的跑位，还有我的射门。这些都是从训练中练出来的。

通过不断地进行技术训练，我的肌肉记忆得到了发展。皮球传向我的时候，我马上可以凭直觉做出下一个动作。如果在点球点附近胸部停球的话，我想都不用想就知道怎么把它卸下来，然后可以立刻做出调整，接着就可以射门了。之所以如此行云流水，是因为大脑在平时的训练中已经得到锻炼。当然，我不是唯一可以这样做的球员。世界上所有的优秀射手，他们都能这么做。

远射、凌空抽射、半抽射、任意球，我什么都会练习。通过这几年不断地积累经验，我在禁区内的活动能力已经得到大幅度提高，而且有些队友的传中球真的很棒，比如吉格斯，还有罗纳尔多，前提是他要尽快出球。我没有别的意思，罗尼[①]正在转变成一位伟大的球员，但我们一起踢球的时候，我真的不知道他接下来会做什么。


*他在边路接到传球，我开始跑位。*

*他内切了，我观察了一下，改变了跑动路线。*

---

① 罗纳尔多的昵称。

他突然转向，我又观察了一下，跑到一个并不越位的位置。

最后，他选择了射门，我失望地站在那里。


这种情况发生的次数有点儿多。

*****

我们一般在中午之后结束训练。每个环节结束后，我们都会放松休息一下。有些人泡冰浴，有些人则去泳池里游泳。我们还有健身房，它看起来就像老式学校的康乐中心：有垫子、负重物、脚踏车。那些带着褶子的绿色健身球，将健身房分隔成两部分。有时候，瑞恩·吉格斯会在训练后来这里做瑜伽运动。我试过一两次，但实在不感兴趣，太无聊了。有人教过我拉伸肌肉，并让我保持这个姿势长达 45 分钟。我问吉格斯为什么要做这些，尤其是它这么无聊。他告诉我，这有助于增强肌肉。

"我觉得提高柔韧性有助于延长运动生涯。"他说道。

几年后，我也许会接受这些；但现在，我觉得自己不需要。

有时候，我会在训练时来健身房健身，但只是在养伤期间，因为我无法参加训练赛甚至跑步。如果某个星期比较空闲——没有一周双赛的任务，全队就会一起进行负重训练。有些球员有固定的训练计划，有些则在做自己的事情。我偶尔也会参加，但说实话，我确实对无球训练不感兴趣。

我只想踢球。

*****

团队精神并不等于友情，好队友并不一定是好朋友。除了训练之外，我只和里奥等少数几个人聊天；我还会和他们打打高尔夫球，仅此而已。他们是我的队友，我一天和他们待在一起的时间足够多了。任何职业都是如此，我和其他人一样有工作伙伴，但这并不意味着我必须时时刻刻和他们待在一起。

不过，我并不是说这样不好。我热爱工作，更衣室里也可以充满欢声笑语。总有人在胡闹，然后所有人都大笑起来。我也会偷偷地捉弄他们，然后悄悄走开。达伦·弗莱彻通常会和我合谋，而且他很会搞笑。

今天轮到捉弄我们的南非中场昆顿·福琼（Quinton Fortune）。我们用超强力胶水把他的全新跑鞋粘在更衣室的地板上，里奥早上吩咐我们这么做的。他总是鼓动我们，号召大家互相开玩笑，通常情况下都能取得很好的效果。捉弄完福琼后，他告诉我韦斯·布朗正在抱怨。

"你们要小心，你们之前捉弄过他的，他现在要来报复。"里奥说道。

我信以为真。

"弗莱彻，我们要在他动手前先发制人。"我说道。

我注意到韦斯今天也穿着一双闪闪发光的跑鞋。我和弗莱彻从食堂借来一把刀，趁韦斯洗澡的时候把鞋子切成了两半，然后小心翼翼地放回他的储物柜，把鞋子摆好，这样他出来的时候就不会发现切痕。

韦斯穿好衣服后，怎么也想不明白为什么大家都在哈哈大笑。当他拿起跑鞋的时候，鞋子从鞋跟处断成两半，整个更衣室都笑疯了。里奥笑得比其他任何人都大声，因为这个主意就是他出的。

不过，也不是所有人都被恶作剧逗乐了。韦斯在抱怨自己的新鞋被毁，昆顿还在尝试从地上拽起他的鞋了。有些体能教练也开始抱怨说，我们在更衣室里不够职业。球衣管理员说，我们总在玩手机，这种行为应该被禁止。

"但是，我也看到你在办公室玩手机啊，"我说道，"这有什么区别呢？"

球衣管理员走来走去，开始收拾那些脏衣服。他还抱怨更衣室里一团糟，但这次他说得很小声。

＊＊＊＊＊

加里·内维尔、吉格斯、斯科尔斯和我在内的所有曼联球员都有着相同的工作日程安排：

九点半开始训练。
热身。
训练。
休息。

吃完午饭后，一天的工作结束了，但并不是每个人都这样。十二点半的时候，我会穿过走廊，经过洗衣间，然后穿过接待大厅和那座老特拉福德球场模型。我把车开出停车场大门，看到有更多人站在那里索要签名。

通过后视镜，我依然可以看到主教练的奥迪。

第六章　压力

**英超最终积分榜**（2005 年 5 月 15 日）

|  | 场次 | 净胜球 | 积分 |
|---|---|---|---|
| 1. 切尔西 | 38 | 57 | 95 |
| 2. 阿森纳 | 38 | 51 | 83 |
| 3. 曼联 | 38 | 32 | 77 |

　　距离联赛冠军我们还有很长的路要走。我们的队伍还不够壮大，没能超越阿森纳和最终夺冠的穆里尼奥（José Mourinho）执教的切尔西。我们与他们之间有着 18 分的差距。

　　我很不服气，虽然心里明白俱乐部挖角罗尼和我是为了球队长久的将来，主教练也一直强调这是个转型的赛季，但这些都不足以安慰自己。我来这儿就是为了赢得联赛冠军和奖杯，第三显然不够。

　　实事求是地说，切尔西整个赛季都很有冠军相；他们组织严密，表现稳定。在锋线上，他们有强壮且富有冲击力的迪迪埃·德罗巴（Didier Drogba）；边路上有艾尔文·罗本（Arjen Robben）和达米恩·达夫（Damien Duff）两翼齐飞；弗兰克·兰帕德（Frank Lampard）在中场运筹帷幄；他们的后防线也因为约翰·特里（John Terry）和里卡多·卡瓦略（Ricardo Carvalho）的存在而坚不可摧；特里是一位出色的后卫、一个真正的领袖，葡萄牙人也并非善类，他速度快，能很好地观察比赛，铲球也非常凶狠。切尔西的冠军实至名归。

我们唯一能够赢得奖杯的机会是足总杯决赛对阵阿森纳。在此过程中，我们先后战胜了埃克塞特城（Exeter City）、伯勒、埃弗顿、南安普顿（Southampton）和纽卡斯尔联队。我迫不及待地想在足总杯决赛中出场。小时候，我就能一整天待在电视机前面，兴冲冲地看着双方球队抵达球场，为比赛做好准备。我会看着球员们在赛前穿着西装到场地上接受采访，觉得那真是个隆重的场合。以前我和朋友们在公园踢野球的时候，总是会谈论这些，还有"那一天"来临时的巨大压力之类的。我们还憧憬着在决赛中打入点球，为埃弗顿赢得足总杯的情景。

现在，一切都要成真了。

从第一分钟开始我们就压着阿森纳进攻。里奥的进球因为越位被取消了；莱曼一次又一次的扑救力保阿森纳城门不失。我、罗伊·基恩和罗纳尔多都有过进球的机会，但是没有抓住。我的球击中了门柱；鲁德错失了几次好机会。不知怎么回事，阿森纳撑到了加时赛。

阿森纳能撑到加时赛纯粹是运气好，他们的球员也都明白这一点。不过，我觉得这大概给了他们额外的动力。源于对自己的信赖，有时候，我能预感到比赛将会很艰难，比如今天就是。

*韦恩，坚持到底，期待幸运降临吧！*

可是，幸运并未来临。

阿森纳在加时赛里异常顽强。比赛最后进入了点球大战，尽管我们围攻了120分钟。他们不敢相信自己居然还有机会赢得冠军，我也不敢相信。根据我们在比赛中的发挥，我认为比赛本不该拖到点球大战。

主教练把我加入名单。

"韦恩，你是第四个。"他说。

*没问题。*

我知道点球是心理战，是我和守门员一对一的较量。

许多时候，我是赢家。每天我都在训练中练习点球。比赛前夕，我会事先在更衣室里想好，如果赢得了一个点球，我该踢在皮球的哪个位置上。因此，每次赛前我都知道该用何种角度和力度来踢点球。如果比赛中获得了点球，我只需要走过去，把球放在点球点上就可以了。我从不改变主意，因为一念之差可能会带来终生遗憾。

罚点球本身就是一个孤军奋战的时刻。当我把球放下的那一刻，我便摒弃了所有杂念——观众、对手、挥动着双臂的门将。我在心里想着：*现在，我离球门只有十二码的距离，在运动战中这样得分也很简单。*这能给我自信，我希望自己能百发百中。

我低下头，只能听见球迷们的喊声：阿森纳球迷吹着口哨，大声嘲讽；我们的球迷祈祷皮球入网——可这一切对我而言都不重要。他们根本无法扰乱我。

重要的是把球踢进去。

我看着足球。

我直视守门员。

我看了看裁判。

听到哨声之后，我立刻起脚，低头看球，尽量踢出一脚干脆利落的射门。

球进了！

有些球员在踢进点球之后感到如释重负。他们觉得重担压在自己肩上，而不是对方的门将身上。我却不同，我觉得这不过是又一个进球的机会。我享受点球，这跟对阵纽卡斯尔联队时那粒从 25 码处直挂死角的进球并无不同。

不过，点球大战则截然不同。因为这是一脚定生死，自然千钧一发。一个失误就足以致命，曼联也许会因此被淘汰，又或许会像这场比赛一样直接决定足总杯的归属。足球里最远的距离，就是从中圈走到点球点的那段路。我完全理解为什么有些球员会发挥失常。

我不是那样的球员。轮到我的时候，我会像往常一样，放好球，射门得分。

然而，每个球员都是不同的。

鲁德第一个上场，球进了；劳伦也进了。

斯科尔斯在第二轮中罚失了。我们都讨厌发生这样的事情。不过在曼联，罚丢点球被看作是这个行业的职业风险，总是不可避免的。

阿森纳又进球了，永贝里（Freddie Ljungberg）。

罗纳尔多进球。阿森纳的范佩西也进球了。

我知道，如果我没能罚进，那么他们就有很大的机会夺得冠军。但是，我无暇分心，我要将全部精力都放在进球上，当我靠近点球点的时候所有的紧张都烟消云散了。

看看球，看看裁判，看看守门员。

哨响，起脚……

球进了！

倒不是说那个进球有多关键。最后，我们还是以4∶5输掉了比赛；斯科尔斯的失误足以让阿森纳获到冠军。我被评为本场最佳，但我宁愿用它来换取冠军奖牌，因为对我来说个人荣誉不值一提。我辛辛苦苦整个赛季既不是为了亚军也不是为了联赛第三；小时候跟朋友们在公园里玩耍时，也没有想过拿个安慰奖。

足球的世界里冠军就是一切，过去如此，将来依旧。

＊＊＊＊＊

那个星期，我给老家的一个朋友打了电话。以前我经常和他在公园里踢球。

　　"你还记得我们以前经常说在足总杯决赛上罚点球会是什么感觉吗？"我
问他，"兄弟，那感觉简直太棒了！不过，如果你输了点球大战的话，那就太
糟糕了！"

第七章　改变

2005—2006 赛季的揭幕战在我曾经的主场——埃弗顿的古迪逊公园举行。我又回到了这个嘘声和嘲笑声震耳欲聋的地方，好像我很在意那些东西一样。和大多数球员一样，开赛前我会用很多小习惯来平静自己。这场比赛的赛前我祈祷了。因为科琳的父母都信教，这对我来说很重要，所以我现在也有了信仰，开始有了祷告的习惯。

说来好笑，我不害怕成为一名上帝的信徒，却只在私下祷告。我不会将此示众，因为不需要。我不想让人们看到我每每踏上草坪时都要祈祷。我不是那种在白线上画十字的人；当我的射门偏出时也不会仰望上天。我只会在古迪逊公园的客队更衣室里，穿着曼联球衣，系好鞋带，然后走到一个安静的角落里，享受属于自己的短暂时光。

我祈祷家人和朋友身体健康，祈祷自己不受重伤。

我不为进球或者胜利祈祷，只为自己的安全祈祷。

我还有一些其他的小迷信。

昨晚，我揪住俱乐部的球衣管理员不放，就为了知道次日球衣的颜色搭配是什么。

"呃……明天穿主场球衣，黑裤黑袜，怎么了？"

我就是想知道而已。

有件事我没告诉他，那就是比赛前夜我就已经在脑海里想象自己的表现了。睡觉之前，我会想着明天比赛的对手，用差不多 20 分钟的时间来描绘在球门前的情景。这是我在为自己在球门前的反应做准备。我意识到，如果赛前想好一切，那么比赛开始时我的头脑就是清醒的。

我想了想，不知道埃弗顿的后卫托尼·希伯特（Tony Hibbert）是不是在某一侧会有弱点，也许可以试探一下；我又接着想象，古迪逊公园的格拉迪斯大街看台一侧，罗纳尔多在边路快速带球，然后传给我。我可以预见拿到球后自己会如何突破，漂亮地卸球，抬脚射门，球飞过他们的门将奈尔·马丁（Nigel Martyn）的头顶。

1:0！

我的眼皮开始打架，我慢慢地进入了梦乡。尽管我的身体在逐渐放松，但脑海里的自己如同一个即将击球的高尔夫球手：想象着击球和完美的结果。这个过程的关键是，我脑海中的自己必须穿着和明天比赛同样的球衣。如果颜色不同，那第二天比赛时，两者就不能完全结合在一起。

*这一切的一切发生时，我穿着红色的上衣、黑色的球裤和球袜。*

在脑海中，我看到后卫将球长传到我脚下。埃弗顿的队长菲尔·内维尔（Phil Neville）正向我跑来。我知道他很专注，在任何地方都不惧凶狠的拼抢。他从不远处的草地上滑行过来。我装作要用右脚射门，沉下肩膀，当他经过我身边的时候我迅速地把球回敲，再用左脚尖触球，皮球越过马丁。

2:0！

第二天醒来的时候，我已经胸有成竹。

*红上衣，黑球裤，黑袜子。*

*当机会来临的时候，我会沉着应对。*

好笑的是，当比赛真正打响时，我猜到了结局，却猜错了过程。赛前的嘘声前所未有的响亮，每个人都对我竖中指。不过，当鲁德在 43 分钟为我们首开纪录之后，整个球场立刻变得鸦雀无声。

下半场开始没多久，埃弗顿的后卫约瑟夫·雅博（Joseph Yobo）在后场拿球。我注意到他打算把球回传给马丁，当他传球之后，我马上判断出球的方向，然后冲了过去。

*我离球门 12 码，只有门将在眼前。*

球乖乖地朝我飞来；马丁也意识到这个距离下自己并无优势，所以他按兵不动。

*他不会出击；我有足够的空间来调整角度。*

*我做出了选择。*

*左下角。*

球应声入网，古迪逊公园再次陷入死寂。上半场时，我每次拿球都会响起的嘘声在这一刻消失了。太棒了！

*我喜欢这里的寂静，如同我爱着老特拉福德 7.6 万名球迷的呐喊。*

赛前我就知道今天下午会有各种不友好的遭遇，也对自己承诺如果进球绝不庆祝。但是，上半场的谩骂、嘘声实在令人难以忍受，使我有些火大。

*不管那么多了，我就是要庆祝。*

我跑向曼联球迷所在的看台，在草坪上做了一个滑跪，我呐喊着，而队友们都跳到我的身上。此时此刻，我是全国唯一一个开心的埃弗顿球迷。

*＊ ＊ ＊ ＊ ＊*

时间慢慢地从八月进入九月。我在曼联效力一年之后发现，所有球队在对阵我们时都格外顽强，尤其是在老特拉福德。签约的时候，我就对此了然于胸，教练和内维尔这样的老队员甚至还警告过我，其他球队在与我们较量时都比平时难缠，可我还是花了一点儿时间去适应。同样的对手，当我穿着红色曼联球衣遇上他们时，要比当年在埃弗顿的时候头疼不少。这简直太疯狂了！比如九月份时做客老特拉福德并以 2∶1 战胜我们的布莱克本（Blackburn），他们本该毫无胜算，但我们却愚蠢地失了两球。

可能归咎于我们还缺乏经验；大家多多少少都有些天真。每个人都知道我们是一支处于转型期的球队。没错，我们队里确实有吉格斯、斯科尔斯、内维尔这样的老队员；从富勒姆转会来的埃德温·范德萨是一名顶级的门将。但是，从很多方面来说，曼联依然不成熟。比如我、罗纳尔多、达伦·弗莱彻还在学习如何攻陷那些摆大巴的球队。我们还不懂如何打一场艰苦的比赛，在这样的比赛中，我们不够耐心，使得球队丢掉了很多不该丢的分数。

我想尽办法让自己过得轻松点儿。我会提前一周在电视上观看下一个对手的比赛，好让自己的心里有底儿。十月的某个周六夜晚，我正在边喝酒边吃外带中餐，电视上开始播放 MOTD①。我看了一眼下周的对手——伯勒，他们烂透了，1∶2 输给了西汉姆（West Ham）。

*下周，我们估计能赢个 10∶0。*

等到 7 天后，我们在寒冷又下着雨的河畔球场（Riverside Stadium）开球时，他们截然不同了——比起一周前，他们更快，更凶狠，更渴望胜利，整个球队都焕然一新，好像对阵曼联这个事实让他们脱胎换骨了一样。这让我头疼不已。我们始终无法控制比赛。开场的几分钟里，他们的防守队员重点盯防我和罗尼，我被完全孤立。突然，他们的中场盖兹卡·门迭塔（Gaizka Mendieta）尝试性地踢了一脚远射，按理来说范德萨完全可以扑出，但球却进了，整个球场立刻沸腾起来。这极大地鼓舞了他们，接下来他们又进了三球，我们被彻底打败了。

赛后，主教练十分愤怒。

"这不是属于曼联的表现，"他冲着每一个坐在更衣室里盯着球鞋看的人怒

---

① 英国广播公司（BBC）的一档足球栏目，演播室设立在曼彻斯特。

吼，"你们配不上这身球衣。"毫无疑问，他是对的。大约半个小时之后，我们才勉强有精力去洗澡。

欧冠的赛场上，情况也不乐观。在面对本菲卡（Benfica）、比利亚雷亚尔（Villarreal）和里尔（Lille）这样的小组赛对手时，我们的稚嫩和急躁意味着毫无建树。对阵比利亚雷亚尔的比赛中，当裁判金·米尔顿·尼尔森（Kim Milton Nielsen，他就是1998年世界杯上，在英格兰和阿根廷的比赛中罚下贝克汉姆的人）因为一个铲球对我出示黄牌时，我失控了，讽刺性地冲他鼓掌，他立刻出示了第二张黄牌将我罚下。我们在小组赛阶段取得了一胜三负的战绩，但这事挺奇妙的，因为最后一场对阵本菲卡的时候，如果我们赢了仍然可以晋级。可是，我们输了，小组垫底。当一支球队专心防守而我们无能为力时，这个结果是理所当然的。

不过，我也曾站在相反的立场上。效力埃弗顿的时候，每次遇上曼联总是一件大事，我们一直都在坚定地防守。若是在古迪逊公园，球迷们喊得更大声，球员们踢球的节奏也更快。如果在老特拉福德，我们就会燃起斗志，仿佛这是一场俱乐部保卫战。2002年10月，埃弗顿几乎没有失球，其实是大部分的时间里没有失球。

那天我是替补。这挺好笑的，因为当我在最后15分钟被换上场的时候，比分还是0：0，曼联球迷不停地嘲讽我。我想他们是有理由的——我是利物浦人、媒体焦点，漫天的评论都天花乱坠地描述我如何前途无量，我在场上脾气暴躁又爱铲球的形象更是火上浇油。我一上场就嘘声震天，但我知道这是因为两队正在僵持，他们不希望看到我打入制胜一球。

第86分钟，曼联打进了三球中的第一球。

三球！

一旦他们找到突破口，我们就无能为力了，只能任由对手宰割。此后，我的腿变得沉重起来，触球开始出现失误。我们被摧毁了。第一个进球令我们分崩离析，就好像一枚针刺破了一个气球一样。

*想趁这个时候，在老特拉福德扳平比分？伙计，省省吧！*

很快，他们又进了第二个球和第三个球。我们算是完了。

有意思的是，有些曼联球员感觉不到对手的这种差异——这种一碰上曼联就特别兴奋的差异。但是，我能感受到，因为我喜欢研究比赛，研究联赛中未来对手的比赛。我觉得这是工作的一部分，犹如*额外的家庭作业*。

我也看西甲和意甲，甚至还会看欧冠。低级联赛的比赛对我帮助不大，但如果电视上有转播，我还是会看的，因为我就是喜欢看比赛。我想要了解对阵双方和比赛情况。最重要的是，我喜欢看前锋们踢球。我可以从任何人身上学到东西，无论他们是哪个级别的。

\* \* \* \* \*

基恩在 2005 年 11 月离开了俱乐部，这可是爆炸性的新闻。曼联球迷爱着他，但他在九月的双红会上弄伤了脚，后来就不怎么上场了。我猜想教练觉得他已经处于职业末期，于是基恩去了凯尔特人（Celtic）。尽管惨败给米德尔斯堡之后基恩批评了几个年轻球员，但当他离开老特拉福德的时候，每个人都感到很震惊。

"这就是我们必须面对的事情。"教练把我们聚在一起宣布这个消息的时候说。球员们没有什么异议，加里·内维尔被选为队长，我认为这是个好现象。加里是最合适的人选，球员们很尊敬他。我知道他会为球队着想，因为他是个真正的领袖。不仅是一线队，预备队和青年队的球员们也都喜欢他。每当这些球员对自己的合同有疑问或者顾虑时，都会去征求加里的意见。

正因为有加里这样的队员，我很快就适应了曼联。老特拉福德就像我的家，能够在这里安下心来也让我对自己有了信心——我知道自己能够进球，也能为其他球员创造机会。自信在比赛中是很重要的。有了自信，我就一往无前；没有自信，我便一无是处。有时候球门看起来如此巨大，我相信自己能够进球；也有一些时候球门变得和信箱一样狭小。这都和心境有关。

2005—2006赛季里，从十月底到十一月底，我在好几场比赛中都没能进球，但我很冷静。这很难，当你状态不佳或者几周都不能进球时，很容易变得急躁。

*为什么我还没进球？*

*我有什么地方做得不对？*

*我应该怎么做？*

但是，我必须保持专注，否则会影响场上的思考能力。我不去想那些，相反，我继续踢球，继续努力。如果我不过度思考，进球自然而然就会发生。幸运的是，当我不能为曼联进球时，其他队友还在进球，比如鲁德、罗纳尔多，还有2004年从富勒姆转会来的路易斯·萨哈（Louis Saha）。路易斯和我在球场上有时候特别来电。他的速度非常快，技术出色，即使跟他一起训练和比赛了好几个月，我还是没弄清楚他到底惯用左脚还是右脚。

主教练也知道进球迟早会来。他知道如何激励我走出瓶颈期。他告诉我，当我进不了球的时候，很重要的一点就是要在其他方面弥补，于是在比赛中我经常逼抢后卫，寻找机会。我吸引防守队员的注意力，将他带到边路，扒开空间，好让其他队员找到机会。比赛之后，我不会因为没有进球而感到沮丧，虽然队里其他前锋和我有所不同。比如鲁德或者罗尼，如果一场比赛里未能进球，他们就会为此生气，即使我们赢了那场比赛。对我来说，只要曼联赢球，我进球与否都是开心的。或许我正需要一点儿那样的专注和贪婪，或许在没能进球时我应该更情绪化。但此时此刻，我只会因为失利而沮丧。

直到四场联赛之后，我终于打破了进球荒。十一月，我们在客场以2：1击败西汉姆，紧接着我迎来了一波进球潮，分别在对阵朴次茅斯（3：0）、维冈（Wigan，4：0）、维拉（2：0）、伯明翰（2：2）的比赛中进球。2005年元旦前夕，我们以4：1大胜博尔顿，球队在联赛中排名第二。虽然与切尔西还有一段差距，但我感到只要我们不犯错，切尔西又意外失利的话，联赛冠军终将属于我们。

英超积分榜（2005 年 12 月 31 日）

| | 场次 | 净胜球 | 积分 |
|---|---|---|---|
| 1. 切尔西 | 20 | 34 | 55 |
| 2. 曼联 | 20 | 23 | 44 |
| 3. 利物浦 | 18 | 17 | 40 |

我们都知道这是一场漫长的争夺战，但曼联永不放弃。

＊＊＊＊＊

鲁德不开心。我想他意识到了自己在曼联的时光已经走到了尽头，我们的踢球方式不再适合他了。他依然是个优秀的射手，但是教练签下的新球员，比如我、罗纳尔多、路易斯更适合快速反击的风格。我们踢球的节奏很快，而鲁德喜欢拿球等着其他球员就位，但是我们已经告别这种踢球方式了。

自从我和曼联签约，鲁德就过得不开心。我和罗尼霸占着新闻头条，他对此不太满意——这不是我们的错，报道不是我们写的，但我们确实得到了更多的关注。对我来说倒是还好，我跟鲁德相处得不错，而他和罗尼不太对盘。训练场上，他们有过一两次争执，当罗尼没有按照鲁德所要求的那样马上传球给他时，他就会非常生气。

二月份的联赛杯决赛，我们对阵维冈，教练没有把鲁德列入首发，这下鲁德真的生气了。他和冬天里新来的两个队友一起坐在板凳上，一位是从摩纳哥（Monaco）签下的法国后卫帕特里斯·埃夫拉（Patrice Evra），另外一位是塞尔维亚（Serbian）后卫内马尼亚·维迪奇（Nemanja Vidic）。帕特里斯一来就爱上了这里。他见过蒙特卡罗（Monte Carlo）的阳光与大海，认识摩纳哥的阿尔伯特王子，当训练场上飘起雨时，他开始跳起舞来。

"欢迎来到英格兰！"他喊道。

帕特里斯和维达①都需要一点儿时间来适应球队，他们被英超的快节奏震惊了，完全跟不上。在卡灵顿的第一堂训练课后，他们看起来筋疲力尽。三周之后，他们依然累得不行。

我经常以此和他们开玩笑。

"嘿，里奥，"我故意在更衣室里大声说，知道他俩都在听，"那两个人糟糕透了，根本顶不住啊！"

维达和帕特里斯对此反唇相讥，但我明白英超的快节奏对他们来说非常惊人。所有国外来的球员刚到时都是如此。

除了在赛前心情不佳的鲁德，我们对联赛杯决赛都跃跃欲试。晋级路上我们先后战胜了班列特（Barnet）、西布朗（West Brom）、伯明翰、布莱克本。不过，最大的动力还是上个赛季在足总杯决赛输给阿森纳的痛苦回忆。这一切现在想起来还记忆犹新，教练知道这件事激励着我们。赛前他很平静。今天我们是夺冠大热门，他明白如果我们正常发挥，维冈没有胜算。

他没有错，我们四球大胜维冈，我梅开二度。第一个进球来自路易斯·萨哈的传球。他争到了头球，在球下落的过程中两名防守队员撞在了一起，这样我就拿到了一个单刀的机会。我把球挑过守门员头顶，入网；第二个进球来自里奥的助攻，他在一次任意球机会中把球传给我。

维冈束手无策，毫无机会。尽管缺乏英超经历，帕特里斯和维达还是在千禧球场（Millennium Stadium）得到了机会。鲁德没能出场，非常不高兴。说实话，换作是我，这个时候也会很情绪化。那个时候我就知道，他可能会在夏天离队。

---

① 内马尼亚·维迪奇的昵称。

＊ ＊ ＊ ＊ ＊

联赛杯是我在曼联的第一个冠军奖杯，但我并不满足，因为重头戏英超冠军，似乎又一次离我们远去了。

*切尔西。*

这一切都与去年如出一辙：他们锋线犀利，后防稳固。尽管我们追上了不少分数，但是元旦前夕我们还存在 11 分的差距，随后把差距缩小了不少。赛季末，如果能在 4 月 26 日客场击败切尔西，夺冠还有一线希望。当然，还有个前提就是他们接下来对阵布莱克本和纽卡斯尔时两战皆败，我们又必须大胜米德尔斯堡和查尔顿。切尔西只要和我们打平就能夺冠。这场比赛就像是决赛一般，所有结果都决定于此。

从开始到结束，都是一场灾难性的比赛。他们的后卫威廉·加拉斯（William Gallas）早早打破了僵局。不久后，我和特里来了一次势均力敌的碰撞，但我过于兴奋，不仅抢到了球还踢倒了特里。他一动不动地在草皮上躺了很久，担架抬来了，但最后他还是站了起来继续比赛，表情很是痛苦。接下来一个角球，我们在禁区内推搡的时候，他在我耳边小声说：

"我腿上有个你的鞋钉踹出来的洞。"

我觉得有点儿不好意思，但也不会觉得很抱歉。这事儿很正常。

*继续比赛呗！*

20 分钟后，我得到一个单刀的机会。他们的守门员彼得·切赫（Petr Cech）向我扑来，我把球射偏了。我明白这是个咬住切尔西的好机会，但我浪费了。我感到非常沮丧。

下半场不但没有大的转折，事实上，形势急转直下：乔·科尔（Joe Cole）晃过几名防守队员，球从范德萨身边入网，2：0；在与后卫保罗·费雷拉（Paulo Ferreira）的争抢中，我的脚骨骨折了。实际上，那并不是一个凶狠的铲球，却正好让我的距骨断了，真是一个令人万分痛苦的时刻，但心理上的疼痛超越了肉体上的。当我下场的时候，脑子里徘徊着无数疑问。

*我们的争冠之路就这样结束了？*

*我还能出战夏天的德国世界杯吗？*

第一个问题在我被抬下去之后就得到了解答。切尔西打入了第三球，我们争冠彻底无望。

赛后，我和特里都在斯坦福桥的通道里拄着拐杖。我想他肯定没我痛苦，因为当我们偶遇的时候，他的脖子上又挂上了一枚英超冠军奖牌。我们的目的地截然不同：我走向回曼彻斯特的球队大巴，他走向球场和球迷们一起庆祝。他向我要了一件签名球衣。

*特里，拿着吧！*

当把球衣递给他的时候，除了签名之外，我还写了一句个人留言：

*致 JT，能把鞋钉还给我吗？*

他对此并不高兴，而我也不开心。这是我在老特拉福德的第二年，每年的冠军都是切尔西。我们甚至无法撼动他们的地位。几天后，我看了看英超积分榜：

### 英超积分榜（2006 年 4 月 29 日）

|  | 场次 | 净胜球 | 积分 |
|---|---|---|---|
| 1. 切尔西 | 36 | 52 | 91 |
| 2. 曼联 | 36 | 34 | 79 |
| 3. 利物浦 | 37 | 30 | 79 |

我必须承认：当我们坐着大巴返回的时候，心中产生了一丝迷茫。

*我们还能拿到冠军吗？*

第八章　冠军

2006 年 8 月 20 日，老特拉福德球场，联赛开赛日。在老特拉福德球场的更衣室里，罗纳尔多的座位旁总有一面镜子。跟他一起踢球的时候，我注意到一件事情，那就是他不会放过任何一个欣赏自己身影的机会，哪怕是在即将上场比赛的时候。每场比赛球队热身之前，他都在重复着同样的事情，先穿球衣，再穿球鞋，然后转身盯着镜子，以这样的方式给自己打气。

　　如果说还有谁比罗纳尔多更自信，那么我尚未与此人谋面。罗纳尔多一点儿都不害羞；他极为欣赏自己的着装，总穿着那些昂贵而又带有闪亮标志的衣服，如 D&G、阿玛尼，只要你叫得出名字。他会把自己从头到脚打扮得无懈可击，大摇大摆地来到训练场。他肯定在衣服上花了很多钱。

　　但是，罗纳尔多最爱的是足球。

　　他在训练的时候告诉我们，他想成为世界最佳球员，并渴望成为最伟大的那一个。他有毅力去实现这个目标。说实话，我喜欢他的态度，但那不是我的目标。比起得到各种个人荣誉，给家里的壁炉台上添加特殊的奖章这种事情，我更喜欢帮助球队赢得冠军。不过，如果罗纳尔多想成为全世界最好的球员，而这意味着曼联会得到我加盟以来的第一个英超冠军，那我会全力以赴地支持他。

罗纳尔多并非夸夸其谈。2006—2007赛季开始前，我在卡灵顿的更衣室里注意到他跟以前相比发生了变化，他更加魁梧了。他从德国世界杯归来，结实了许多，仿佛整个夏天都泡在健身房里。季前热身赛中，他开始摒弃那些花哨的动作，能在错综复杂的跑位之后把球送入球网。加里·内维尔遭殃了。那一周的训练赛他不得不专门盯防罗纳尔多。当他不盯防罗纳尔多的时候，就得去盯吉格斯。每天早上他都在抱怨自己肯定要英年早"退"，不过起码他不用担心盯防鲁德，皇马在夏天的时候把他签走了。

我唯一知道的事情是：罗纳尔多身上发生的变化绝不是因为运气。他一周七天都在拼命地训练。有些球员训练结束后就直接回家，但是他拿着一袋球开起了小灶，练习不同的技术——任意球、头球、远射。我想很多人还没有意识到他身上的这个特质；球迷们觉得像罗纳尔多这样的球员天赋异禀，生来如此。他们说"所有的事情对他来说都很简单"，并觉得教练也没有更多的东西可以传授。这话也许有点儿道理，但是要保持他那样的能力也是需要下苦功的。当我看着他训练的时候，或者是在季前友谊赛里看他打进各种漂亮进球的时候，我真心觉得他能成为世界上最好的球员。

现在，在老特拉福德球场拉开新赛季的序幕之前，他遵循着自己的习惯，做着赛前准备。他的形象无懈可击。

队友们开始笑他，跟他玩闹，接着他出场打进了一个漂亮的进球。那场比赛我们以5：1大胜富勒姆，我梅开二度。这是自二战以来，曼联在开幕战中取得的最佳战绩。那个赛季我们笑到了最后。

\* \* \* \* \*

说起来令人不可思议的是，我和罗纳尔多"照理"应相处不好。报纸媒体断定，就因为世界杯上发生的那件事情，我们将不会一起踢球了。英格兰在四分之一决赛中遭遇了葡萄牙——*罗纳尔多的葡萄牙*——比赛中我和他们的后卫里卡多·卡瓦略纠缠在一起，不小心踢了他一脚。那一脚虽然看起来充满恶意，但实际上完全是个意外。当我表示自己很无辜的时候，罗纳尔多冲着裁判做了个出牌的动作。裁判掏出了红牌，我被罚下。

*过早的退场。*

*世界杯结束了。*

当我走向球员通道的时候，我明白自己不能把所发生的一切都归咎于罗纳尔多，因为他是为他的祖国而战。顺便提一下，上半场的时候我还试图让他因为假摔吃牌，所以总体来说，我们俩半斤八两。但是在我被罚下之后，罗纳尔多对着替补席眨了眨眼，这对于电视机前的观众来说无疑很恶劣，好像他对此很开心一样。十人应战的情况下，英格兰倒在了点球大战，而从那以后一切都乱成了一团。每个人都认为罗纳尔多和我从此以后就是冤家对头，他的那个眨眼动作在接下来几个月里将让曼联非常头疼。我知道接下来会发生什么，所以在球员通道里偶遇他的时候打了个预防针。

"球迷会很疯狂。"我说，"他们见风就是雨，所以我们还是一切如常，因为整个夏天人们都会谈论这个。"

他表示理解，他也是个聪明人。果然，不久之后报纸开始报道他要去皇马；还有什么我跟他已经无话可说，这简直是胡言乱语。真相是，我喜欢罗纳尔多，一直都喜欢。他很好，在更衣室里也是个很棒的队友。教练也知道我们会好好相处。回球队报到的第一天，他也没有找我们谈话。我们之间不需要这些。教练知道我们会和以前一样。

曼联的队友们简直爱死这出闹剧了，每个人都在更衣室里戏弄我们。回去的第一堂训练课上，有人甚至带来了一双拳击手套，好让我们在热身前先来一局。不过，在我们的第一次练习赛之后，一切都重回正轨：罗纳尔多看起来很精神，我们踢得很合拍，其他人也很好。我能预见到，这将是一个美妙的赛季。

☆ ☆ ☆ ☆ ☆

在 2006—2007 赛季的第一场比赛中大胜富勒姆之后，我可能从未对一支球队有过如此信心，表面上看，曼联的阵容足以撕裂任何防线。显然，在放走鲁德之后，教练希望我们踢出一种震慑的足球风格。他将我、罗纳尔多、萨哈放在锋线上，让我们快速反击，使整个球队的节奏大大加快；他知道，在接下来的几个月里，我们将让对手无所适从。

总体来说，每个人都渐入佳境。弗莱彻在中场逐渐成熟；夏天的时候我们从热刺签来了迈克尔·卡里克（Michael Carrick），这个北泰恩①人的控球能力极佳，很快就融入了球队。在赛季开始前的热身赛中，他站在后卫的身前，掌控着比赛的节奏。当其他人上前进攻时，他的拖后为我们的防守提供了额外的保护。在其他位置上，埃弗拉和维迪奇忽然开窍了。帕特里斯在 2005—2006 赛季末已经逐渐适应，英超的节奏要比法甲快上百倍，现在他已经能够跟上了；维达和里奥则成了当今世界足坛最佳中卫组合。

季前赛过后，我们的队伍得到了巩固。我觉得我们能随心所欲地进球，我们有打败任何对手的实力。

我的预感是正确的，5：1 大胜富勒姆仅仅是个开始。

查尔顿竞技，3：0。

热刺，1：0。

纽卡斯尔，2：0。

利物浦，2：0。

博尔顿，4：0。

埃弗顿，3：0。

维拉，3：0。

---

① 位于英格兰东北部。

沃特福德（Watford），4：0。

从赛季的第一天起，整个赛季我们都是英超的领头羊（除了一两个周末之外），这样的地位从未被撼动。

热刺，4：0。

博尔顿，4：1。

布莱克本，4：1。

即使是对付难缠的对手，如今我们也有了足够的经验。

谢菲联（Sheffield United），2：1。

米德尔斯堡，2：1。

雷丁（Reading），3：2。

即使是发挥不佳的时候，我们也能够顶住压力取得胜利。这预示着曼联正在成长为一支能够夺得多个冠军的球队。

*＊*＊*＊*＊*

我穿上了十号战袍。鲁德在夏天离开俱乐部转会皇马之后，我敲开了主教练办公室的大门，向他索要十号球衣。

"我一直喜欢十号，"我对他说，"我从小就喜欢像马拉多纳（Maradona）、贝利（Pele）、齐达内（Zidane）那样的球员——他们穿的都是十号球衣。这个号码在南美也意义重大……"

"归你了。"他对我说。

第一次身披十号上场，那种感觉太棒了！

*＊*＊*＊*＊*

最糟糕的事情莫过于遭受主教练的吹风机待遇。

那时，教练站在更衣室的中央，对我火力全开。他就站在我面前怒吼，那感觉像是站在一台超大功率的吹风机前，真是太惨了！我不喜欢任何人对我大吼大叫，这对我来说很难忍受，所以有时候我也会反击。我告诉他，你错了，我才是对的。可一旦冷静下来，我通常意识到自己才是大错特错的那个人。

　　马克·休斯（Mark Hughes）在这儿踢球的时候给主教练起了"吹风机"这个绰号，从此流传至今。主教练对此一清二楚，他甚至告诉媒体如果有人在更衣室里对他不服，他必须冲他们怒吼。他坚信，无论球员有多大牌，争执都是难免的。这是他的带队之道。据说，有一次他跟彼得·舒梅切尔（Peter Schmeichel）杠上了，对方可是身高六尺四 ① 的守门员。

　　一般来说，看着其他球员被吼的感觉更不好受，特别是当你知道他们承受不了的时候。吹风机能激励一些球员，却也能压垮一些球员。我亲眼目睹过一些球员在被教练批评之后，在场上垂头丧气的模样。他们失去了斗志。大多数时候，教练知道哪些球员可以承受、哪些球员不行。

　　2006 年欧冠，我们在客场挑战凯尔特人，萨哈罚丢了一个最后时刻的点球，我的表现也很差。我们 1∶0 失败了。在更衣室里，主教练勃然大怒。这是我见过的风力最强的一次吹风了。他冲着萨哈咆哮，但萨哈并不是唯一的对象。主教练知道我正在和俱乐部商讨一份新的合同，把火力分了一点儿给我。

　　"某些想和俱乐部签合同多拿点儿工资的队员，你今天的表现什么都配不上！"

　　他没有看向我这边，但我知道这是冲着我来的。我不喜欢这些指责，但他没错。踢成那个样子的我不应该获得更好的合同。

---

　　① 大约是 1.93 米。

＊　＊　＊　＊　＊

二月底的时候，我们去客场和富勒姆踢比赛，三月初则是在利物浦的主场。此时，我已经坚信英超冠军势在必得，因为除了技术、速度、经验以外，一种疯狂的信念激励着我们进球，无论成功的概率是多少。这种决心来自主教练。在过去的几个赛季里，*他把这种欲望深深地镌刻在了每个人的心中。*

"耐心点儿。"他在克拉文农场（Craven Cottage）赛前的准备会上说，"今天即便只剩下 5 分钟，我们也能赢得比赛。"

然后，他提醒我们在场上所拥有的天赋。

"如果我们好好踢——就算不能很早进球——对方会变得疲惫，那么机会就会来临。"他又强调了一遍，"要有耐心。"

他说中了。哪怕富勒姆的美国前锋布莱恩·麦克布莱德（Brian McBride）打进一球，导致我们在进攻方面举步维艰——他们不放过任何一个死球，好像他们的赛季就决定于此一样，我们也依然没有放弃。我在场上让球保持高速移动，以此来拖垮对手。罗纳尔多在边路的高速冲刺让盯防他的边卫苦不堪言。我则在中路把马吉德·博格拉（Carlos Bocanegra）和克里斯·坦瓦尔（Philippe Christanval）这两个中卫累得够呛，我甚至能听见他们追赶时沉重的喘息声。随着比赛的继续，场上开始出现空当，我们则乘虚而入。

我得到一个机会，将球传给吉格斯，助攻他进球。

比赛还剩几分钟的时候，罗纳尔多从己方半场拿球，一直冲向富勒姆的防线，球从守门员身边入网。每个人都沸腾了，主教练激动得在边线附近拥抱罗纳尔多。

这仅仅是个开始。第二周我们在安菲尔德赢了球，遗憾的是我在场下没能目睹。利物浦的队长卡拉格对我相当凶狠，他的鞋钉耙在了我的护腿板上，留下一个血肉模糊的伤口。我趔趄着离开赛场，当时比分还僵持在 0∶0。队医在更衣室里给我的腿缝了八针，比赛则在我缺席的时候继续进行。

这种时候往往是最糟糕的。我痛恨这样的无助，以及不得不远离赛场的无奈。我很焦虑。我坐在治疗床上，在空荡荡的更衣室里感到一种奇怪的木然。随后，我听到观众席上发出的吼声——一阵巨大的、震耳欲聋的欢呼。我的心沉了下去，焦急地看着队医。

*天呐，我们一球落后了吗？*

但是，这阵欢呼听起来好像不是因为进球，如果是的话，声音还应该更大一点儿。我是对的。过了一会儿，更衣室的门猛地被打开，斯科尔斯沮丧地走了进来。又一张红牌。

他坐在自己的储物柜前看着我，然后低下头。即使 11 个人在场的时候，比赛也已经很不顺利，而现在只会更糟。我们在防守上做得不错，但在进攻方面毫无建树。没有我和斯科尔斯，胜利很渺茫。如果要赢得我的第一个英超冠军，今天的比赛并不是非赢不可，但我明白，三分是个巨大的鼓舞。

*估计比赛已经进入读秒阶段。*

一阵欢呼慢慢地响起来，然后又爆发出一阵异常响亮的欢呼，是那种进球时才会有的声音。我看了看队医的脸色；斯科尔斯也看着他，好像在等待他的诊断。我们看得出他在思考。

*算了算了，估计是利物浦进了制胜球。*

这次，我低下了头。我太沮丧了，腿上的疼痛瞬间放大了好多倍。

门又一次被踢开了，似乎有人在拿它泄愤，进来的人却是助理教练迈克·佩兰（Mike Phelan）。他的脸上有着一个大大的笑容。

"奥谢进球啦！"

"什么？"

"奥谢进球了！比赛已经结束了！我们赢了！"

我从治疗床上站起来，跑过那个写着"这里是安菲尔德"的横幅，冲出球员通道，腿上的疼痛早已消失。我和斯科尔斯跑到草坪上，穿着脏兮兮的球衣、护腿板及带血的袜子，与其他队员们一起跳舞庆祝。

"我们要当英超冠军啦！"

*在安菲尔德庆祝从不需要更多理由。*

\* \* \* \* \*

当曼联在客场对阵埃弗顿的时候，我父亲已经不来现场看我比赛了。他在古迪逊公园还有预留座位，但是四月份我们去打比赛的时候，他并未到场。我不怪他。前两次在现场看比赛的时候，他只能安安静静地坐着，听着周围的球迷对我的辱骂和怒吼，尽管他们知道他是我的父亲。所以现在他决定还是待在家里比较好，最多在晚些时候从电视上看点儿集锦。我不在意，换作是我可能也会做同样的事情。不过这一次，他错过了我的赛季最佳表现，4∶2的胜利从心理上狠狠打击了切尔西的夺冠希望。他们整个赛季都在积分榜上紧追不舍。

比赛的开端并不理想。上半场结束的时候我们1∶0落后，而在更衣室里，有传言说切尔西正以2∶1领先博尔顿。队友们开始议论纷纷：这让我们有了赢球的渴望，想要保持对切尔西的领先优势。下半场开始，埃弗顿又进球了，但奥谢的进球和菲尔·内维尔的乌龙扳平了比分。不久之后，我的进球使得曼联第一次在比赛中领先。替补上场的克里斯·伊格尔斯（Chris Eagles）打入了第四粒进球，我看到主教练在边线上挥舞着手臂，喊着：

"切尔西踢完了！2∶2！"

他在告诉我们，要保持冷静，踢完比赛。

终场哨声响起时，我知道了两件事情：我们和切尔西之间的分差扩大到了5分，这对赢得联赛非常有利；我父亲在几公里外的地方，远离所有激励着我的嘘声和中指。

＊ ＊ ＊ ＊ ＊

　　五月，我们客场1：0战胜了曼城，罗纳尔多打入制胜的点球，我几乎闻到胜利的味道了。我们以8分优势占据榜首；切尔西只要在第二天对阵阿森纳的比赛中丢分，冠军就是我们的了。于是周日下午，我在自家客厅里观看那场比赛的电视转播，祈祷切尔西输球，就像老特拉福德里斯特拉福德看台上的一名普通球迷一样。我又看了一遍电视上的联赛积分榜：

**英超积分榜（2007年5月6日）**

|  | 场次 | 净胜球 | 积分 |
|---|---|---|---|
| 1. 曼联 | 36 | 57 | 88 |
| 2. 切尔西 | 35 | 40 | 80 |
| 3. 利物浦 | 37 | 30 | 67 |

　　我拿着遥控器看比赛，开局不错，临近半场时切尔西被罚下一人，阿森纳得到点球，取得领先。我想了想，要不要去卧室选一套庆功宴上要穿的衣服，好和队友一起庆祝，但我不忍心从电视屏幕前离开。

　　我在沙发上坐立不安，希望阿森纳能再进一球。这就是当曼联球迷的感觉啊！科琳开始熨衬衫，好让我能在赛后马上出门。我收到了很多短信，队友们在讨论如果今天就赢了冠军该去哪儿庆祝，但我还不确定是否能赢。

　　还剩下20分钟的时候切尔西扳平了比分，这让我变得非常焦躁。

　　我开始在客厅走来走去，其他人也不发短信了。

　　*拜托了，上帝啊，别让他们侥幸拿到这三分。*

　　我陷在沙发里，捂住脸，从指缝中观看比赛。

　　*这就是主教练所谓的"磨屁股"时间。*

　　然后，我也不知道是怎么回事，阿森纳磕磕绊绊地保住了平局，神奇般地"帮"了我们。我们是冠军了。

"科琳，我赢得了第一块英超冠军奖牌！"

电话又开始疯狂作响，我们决定全队在曼彻斯特中部的一间酒吧见面。当我赶到那里的时候，整个酒吧非常热闹。到处都是球迷，感觉就像旧时的聚会，球员和支持者们混在一处喝点儿小酒，我喜欢这种气氛。当我来到吧台前买酒的时候，我看向身后，到处都是球迷，他们高举着手机，记录着派对的情况。

我感到晕眩，却不是因为杯中的酒。在这个赛季里，我向吉格斯、内维尔、斯科尔斯这样的老球员问了相同的问题，关于冠军的问题：

那是什么样的感觉？

那是什么样的情景？

你感觉有什么不同吗？

他们总是告诉我一样的答案："瓦扎，第一个冠军总是最棒的，你将永生难忘！"

而我现在的感觉是，这是踢球以来最快乐的时刻，愿这一刻能够直到永远。

＊＊＊＊＊

第二天，我们要在卡灵顿拍集体照，留作纪念。早上九点就得到。我只睡了几个小时，别人也好不到哪儿去。那真是美好的一天，教练在镜头前开怀大笑，但有几个队友看起来跟行尸走肉似的，好像狂欢了一整晚的样子。罗纳尔多居然戴了顶帽子。

第九章　欧洲

五月，我走在圣西罗体育场（San Siro stadium）的阶梯上，沿着这条路从更衣室走向草坪。这是欧冠半决赛的第二回合，我们距离俱乐部层面最高水平的比赛还有一步之遥。

当我走到球场中央，沐浴在温暖的阳光中时，8 万名 AC 米兰的球迷冲我咆哮，他们边吹口哨边嘲笑我们。那声浪是如此巨大，若是声音有重量，我确信会将我压成两半。现场的气氛相当热烈，有种压迫感。远处的看台上，在那些看起来百里之外的座位当中，横幅被慢慢展开。球场里的观众好像就在球员们的头顶上观看。

*那么多球迷，球场确定不会塌下来吗？*

我开始在草坪上颠球，跟平时一样拉伸，和其他球员一起热身。球场内忽然响起了一阵阵爆炸声，好像几百辆老爷车一起回火一样。

砰！砰！啪！

*现在又是怎么回事呢？*

震耳欲聋的拍手声伴着皇后乐队 "*We will rock you*" [1] 的音乐回荡在球场上空，球迷们发出一阵欢呼。然后，我看见米兰的中场加图索（Gennaro

---

① 中文名称为"我们将击败你"。

Gattuso）从球员通道里跑出来，他长发飘扬，眼神狂热。别人称呼他为"咆哮者"，因为他总是像一头愤怒的罗威纳犬一样冲着对手的脚后跟铲球。加图索经过我们的队员身边，跑过球场。我的队友们盯着他，似乎这是他们见过的最疯狂的事情。米兰球迷们激动得无以复加，整个球场仿佛都在震动。加图索的队友们在他之后一个个随意地漫步到场上，伴随着掌声，穿上热身训练服。他们大概对此见怪不怪了，但这足以让我在心里想着：这也太疯狂了，欧冠果然是无与伦比的。

在宏伟的球场中对阵其他欧洲豪门，现在的我已经多次经历类似的场景。有时候，在欧洲大陆踢比赛有些奇怪。不过，加图索跑到草皮上的行为不算什么。我记得四月份在罗马的时候，从更衣室到草坪的通道实在太长了，中场休息的时候等我们走到更衣室，只给主教练剩下很少的时间讲话。接着，我们还得原路走回去。

最吓人的经历大概是在土耳其对阵贝西克塔斯（Beşiktaş，几年后我们又去那儿比赛过）。球迷们非常热情，他们背对着草坪，开始上上下下地跳跃。下半场我被替换下场的时候，一名球迷冲我的脸吐了口唾沫，然后爆出一些含混不清的语句——八成是骂人的——朝着我的方向飞来。我用尽所有的自制力，才忍住不揍那个人一拳。我知道如果只是在街上偶遇，他绝对不会这么做，但在一大群球迷中他大概认为自己不会受到惩罚。他很容易躲起来。事后，为了泄愤，我坐在休息区把自己的球鞋砸向地面，我能做的只有那么多。

欧冠的观众们听起来也很不一样。在英超赛场上，球迷会唱歌，大声喊叫，总之气氛惊人，这让球员们异常兴奋。在西班牙和意大利，他们吹口哨，嘲讽球员。在德国，每当一名球员替补上场，广播会喊出球员的名，然后观众们用低沉的声音吼出球员的姓，听起来真令人害怕。

比如我今天在圣西罗或者 BJK 球场 ① 踢球，我无法预测球迷会做出什么

---

① 贝西克塔斯在伊斯坦布尔的主场。

事情来。有时候那很棒，有时候就让人挺不安的。在罗马的奥林匹克球场，球迷之间发生了冲突。这并不影响场上的球员，但我们隐约知道发生了什么，因为防暴警察戴着头盔、拿着盾牌出现在看台上。这种时候我只能专注于比赛，好好踢球，*把一切的疯狂置之度外。*

＊ ＊ ＊ ＊ ＊

我喜欢踢欧冠的比赛，因为它和英超完全不同。这对新手来说尤为困难，我知道自己得抓住机会。请恕我直言，在英超比赛中，如果对手是像诺维奇或者南安普顿那样的球队，一场比赛中我可以错失一两个传中，因为之后可能还会有一些机会降临。在欧冠中，我可能整场比赛就只有几次机会——那还是运气好的时候——因为比赛的竞技水平非常高。机会来临时，我必须确保自己能够把握住。

欧冠的裁判们通常水平也不错。比起英超，他们和球员们的交流更多。在英格兰，英足总要求球员们多尊重裁判，但是当我们在场上的时候裁判根本不理我们，不和我们进行交流。他们也得尊重我们才行。对于球迷来说也是一样的：裁判应该在赛后出来解释他们做某个决定的理由；他们应当承认自己所犯的错误。我知道自己曾经在越位的位置上，在盯防我的后卫身前，就在边线裁判的眼皮底下进球，可他没有举旗；曼联也丢过几个明显的越位球。那位裁判事后出来道个歉有什么难的。他只需要参加一个赛后采访，解释说："从我的位置上看当时他没有越位。我很抱歉，我错了！"我就会觉得："好吧，起码他承认了自己的错误。"

然而，令人遗憾的是，他们从不道歉。

可是，裁判和球员一样，也会有状态不佳的时候。当他们不在状态时，任何一个球员都能看得出来。当我们犯规时，他们以跳水为由给我们黄牌，或者做出愚蠢的点球决定。我想，当一个球员被踢倒，事后却因假摔拿到黄牌时，任何一个球迷都能理解他有多沮丧。最令人恼火的还是上诉制度。如果我因为假摔拿到黄牌，就算电视回放显示那是个犯规，那张黄牌也不会被取消。

我理解裁判是一份艰难的工作，就个人而言，比赛中的录像回放并不是一件坏事。这在英式橄榄球的比赛中运作良好，为什么不能用在足球上呢？当场上有重大事件发生时，比如点球或者皮球击中了横梁反弹到球门线上时，反正每个人都要花一两分钟跟裁判争论。这些时间可以被更好地利用于观看录像回放，那只需要几秒钟。

欧冠的裁判们明白，他们不是比赛的主角，他们更能理解球员。另外，我之所以觉得欧冠的裁判是最好的裁判，是因为他们很少干扰比赛的进程。我几乎感觉不到他们的存在。

＊ ＊ ＊ ＊ ＊

在半决赛中对阵米兰之前，我们踢出了令人目瞪口呆的成绩，包括在四分之一决赛中以总比分8：3战胜罗马晋级。第一回合我们在客场2：1输掉了比赛，意大利人愚蠢地认为结局已定。有几个罗马球员开始得意忘形，对媒体说他们要在老特拉福德蹂躏我们。

*你们这些人不了解什么是老特拉福德。*

那天晚上我们斗志昂扬，自信满满。卡里克在11分钟首开纪录。

阿兰·史密斯在几分钟后又打入一球。

紧接着我也进球了。

罗纳尔多，第44分钟。

比赛成了射门展示；罗马球员简直像得了弹震症一样。

*现在，不那么自傲了吧！*

接近半场休息的时候，有一阵子我得抬头看看比分牌，及时提醒自己我们领先了多少。我们就是进了那么多球。

90 分钟后，我们以 7 : 1 结束了比赛。

*到了和米兰踢半决赛的时候了。*

我很自信我们能够翻盘意大利人，因为很多球队都拿我们的节奏和运动能力没有办法。现在，我也知道了，踢欧冠的比赛在战术上是一种挑战，就像是下一盘象棋。主教练对此总是有所部署。这通常意味着他要求我们取得一个客场进球，在主场力保不丢球。他告诉我们，对阵米兰的比赛也是一样。在英超，事情通常直截了当，我们只要赢下每一场比赛就好了，但欧冠并不是那么回事。有时候在客场 1 : 1 的平局甚至是 1 : 2 输球都算是不错的结果，因为我们有一粒客场进球，关键在于竭尽所能地执行计划。

第一回合我们在老特拉福德迎战米兰。比赛完全偏离了计划。罗尼早早地为我们取得了进球，但是他们的巴西前锋卡卡（Kaka）在中场休息前打入了两球。上半场结束，当走进更衣室的时候，我知道我们遇到了麻烦。

*米兰有两个客场进球，我们等于是逆水行舟。*

主教练看起来却不那么沮丧。

"小伙子们，比赛还没结束呢，"他说，"继续努力！"

跟米兰踢球简直疯狂。我从小就特别喜欢在第四频道观看意甲。每个周日，早上踢完球之后，下午我就坐下来观看阿伦·博克西奇（Alen Boksic）、法布里齐奥·拉瓦内利（Fabrizio Ravanelli）、埃德加·戴维斯（Edgar Davids）、齐内丁·齐达内（Zinedine Zidane），那真是美妙的足球。

*如今，我的对手正是马尔蒂尼（Paolo Maldini）和内斯塔（Alessandro Nesta），意大利足球的神话们。*

我跃跃欲试。

下半场，我们不断地进攻进攻再进攻。我在第 59 分钟进球了。不久之后，在即将罚角球的时候，我听见了沉重的呼吸声。这是内斯塔和马尔蒂尼，他们已经筋疲力尽了。看得出来，他们想让比赛早点儿结束，我们的体力和速度让他们吃尽了苦头。他们已经不行了，我们可以赢得这场比赛。

终于在伤停补时阶段，机会来了。吉格斯把球传给我。

这是那种在欧冠中弥足珍贵的机会之一，所以我牢牢把握住了。我在 20 码外提早起脚射门，守门员措手不及。皮球应声入网。

*3：2！*

这只是一个微弱的优势，但在赛后的更衣室里，我们对客场充满信心。我知道如果能打入一粒客场进球，我们就能战胜他们，尤其是在比赛刚开始时就进球的话。也许这样就足以让我们挺进决赛。

*我究竟有多天真呢？*

米兰在第二回合早早进球，结束了悬念。然后，他们对我们展开了肆虐。卡卡完全无法阻挡；荷兰中场克拉伦斯·西多夫（Clarence Seeforf）奉献了一个个致命的传球和凶狠的拼抢。他们个个都是身经百战，荣誉满身。加图索对罗纳尔多进行了贴身防守，让他无法从边路进攻，将他隔绝在比赛之外。我们根本无法找到空隙。

我们以 0：3 失败了；总比分是 5：3。

米兰的实力远在我们之上。

\* \* \* \* \*

我从未见过谁比主教练更专注于成功，他也要求全队和他有一样的想法。我们提前几轮赢得了 2006—2007 赛季的英超冠军，但我们输掉了赛季的闭幕战，在主场 0：1 输给了西汉姆。主教练非常生气。他在赛后把我们叫到更衣室，狠狠教训了一顿，就因为我们输掉了一场无关紧要的比赛。

*我们马上要被授予英超冠军奖杯了。大多数球队这个时候应该在更衣室里欢声笑语，开香槟，准备庆祝！*

我们没有。我们像小学生那样盯着地板，接受主教练的吹风机待遇。

我坐在那儿，羞得耳朵发热，因为想起了加里·内维尔曾经告诫过我们，永远不要觉得"我们已经成功了"。他是对的，但我开心不起来。在主教练的怒吼声中，整个更衣室都很安静。一切结束之后，每个人都过了一会儿才高兴起来，脸上重新挂起了属于英超冠军的笑容。我们都太专注于思考赢得下一个冠军是多么重要了。

＊ ＊ ＊ ＊ ＊

我们在2006—2007赛季的足总杯取得的战果如下：

第三轮：曼联 2　阿斯顿维拉 1（拉尔森、索尔斯克亚）

第四轮：曼联 2　朴次茅斯 1（鲁尼 2）

第五轮：曼联 1　雷丁 1（卡里克）

重赛：雷丁 2　曼联 3（海因策、萨哈、索尔斯克亚）

第六轮：米德尔斯堡 2　曼联 2（鲁尼、罗纳尔多）

重赛：曼联 1　米德尔斯堡 0（罗纳尔多）

半决赛：曼联 4　沃特福德 1（鲁尼 2、罗纳尔多、理查森）

曼联与切尔西的足总杯决赛在温布利举行，这是一场万众瞩目的比赛。在卡迪夫比赛很不错，但是在新温布利球场踢决赛有着特殊意义——有一种真正的大场面的意味在里头。记得上一次来到旧温布利球场是 1995 年，当时我还是个孩子。那一次，我观看了埃弗顿战胜布莱克本获得社区盾的比赛。在此之前，我还看过埃弗顿在同一年以 1∶0 击败曼联，捧得足总杯的比赛。

*在这里踢球可是件大事。*

主教练也有些按捺不住。他很尊重穆里尼奥。高傲的切尔西主帅个性十足，满怀自信，英超有他真是太好了。他们两个享受着在重大比赛中对垒的乐趣，比如这一次。

可是，温布利的草皮有一个问题，它太烂了，配不上如此重大的比赛。开球不久，我就预感到这将是一个艰难的下午。每个人看起来都有些脚下不稳，我能感到不同的力量在拉扯着腿上的肌肉，比平时更难保持平衡。我不是唯一一个有这种感觉的人。很快，所有球员都受到了影响。很多人滑倒了，每个人的触球都有些紧张和不定。

从开球那一刻起，这就是场糟糕的比赛，对球迷来说也很无趣。因为两支球队都没什么进取心，也没有什么射门的机会。主教练把我一个人放在锋线上，好让我们防守反击。但比赛双方都在尽力不输球，而不是努力地赢球。进攻很快就被对方瓦解了。

最后，决赛拖入了加时赛。我们最好的一次机会是我传球给禁区里的吉格斯。他距离球门只有三码，进球就在眼前，可是没能完全碰到球。切尔西的守门员切赫做出了扑救，但是皮球看起来越过了球门线。

*这个球进了！应该得分！*

我们上前抗议，但裁判根本不听。我的脑海中回想起上一次的足总杯决赛。

*阿森纳。*

我的脑袋在比赛时挺好玩的，总是有各种各样的预感，*比如这次我会是第几个罚点球的呢？* 就在此刻，第116分钟，迪迪埃·德罗巴忽然射门得分。半边温布利沸腾了，另外半边则陷入死寂。我不敢相信，这就像是2005年的重演。我们被突施冷箭。

只剩下几分钟了，于是我们倾尽全力进攻。然而，这是一支穆里尼奥麾下的球队，他们开始使用各种各样的方式来拖延时间，希望支撑到比赛结束。

他们各种摔倒。

他们慢悠悠地扔界外球。

他们在被铲倒之后满地打滚。

别误解，换了是我也会这么拖延时间。这也是足球的一部分。只是当你是被拖延的对象时，这种感觉非常不好。

我曾经许诺自己永不在球场上哭泣，无论是赢了欧冠还是输了联赛。但是，当终场的哨声响起时，我差点儿就忍不住了。我感到喉咙发堵。我的心狂跳着，呼吸变得沉重。这太糟糕了！

*别哭！*

*忍住！*

那个时候我已经明白，如果我们没能赢得联赛，并不是因为某场比赛或者某个人，那关乎于整个球队和所有 38 场比赛。如果我们输掉了杯赛的决赛，那一切的一切都只是因为一场比赛。而在加时赛的最后关头输给切尔西，也许是我作为球员最糟糕的经历。

第十章 牺牲

我坐在卡洛斯·特维斯（Carlos Tevez）的车里。

卡洛斯才来队里五分钟。上个赛季西汉姆差点儿降级之后，我们租借了他，因为他几乎凭借一己之力帮助西汉姆保了级。他就是那么出色的球员。现在，他于2007—2008赛季加入我们，在季前训练中，无论场上还是场下，我们都对彼此有了相当好的了解。

在场下，我们轮流载对方去训练场；在场上，我们配合默契，进球不断。这对一部分人来说或许是个意外，因为媒体中有很多评论认为我们不是一对好搭档。球迷认为我们俩过于相似，在队里担任着相同的角色，但从卡洛斯的训练情况来看，我不认为这是个问题。

在练习赛中，我和卡洛斯似乎有种默契：我知道他会往哪里跑动；当他拿球的时候，他知道我会出现在什么样的位置上。有时候这种默契会出现在足球世界里，好像我们俩有心灵感应，又好像我们一辈子都在一起踢球。这很疯狂，没有人能解释为什么前锋之间会出现这种情况，一旦他们磨合了，进球就易如反掌。

有这种感应是件好事，因为卡洛斯不会说我们的语言。尽管已经来这个国家一年了，他依然很少开口说英语，但我不觉得他是个懦弱的人；我认为他懂的比他说的多。我的猜测是，他不愿意用英语交流。尽管如此，当我冲他喊的时候，他好像还是明白的。虽然没有到《弗尔蒂旅馆》[1]里弗尔蒂老板那样的程度，但当我在比赛中吼他、生气地瞪他或者鼓掌鼓励他的时候，卡洛斯完全懂得我对他的要求和意图。

对卡洛斯来说，幸运的是我们队里有几个说西班牙语的队友，他们很乐意为他翻译。纳尼和安德森（Anderson）分别从里斯本竞技和波尔图（Porto）签约而来，他俩的身价加起来是 3000 万。他俩都愿意帮助他。纳尼才学了几周的英语，但他可以帮卡洛斯翻译一些基本语句。安德森的英文好像是从Xbox 里学的。热身赛的前一晚，我们总在宾馆里玩一个叫 SOCOM 的电脑战争游戏。刚开始的几周里，安德森一句英文都不会说，但后来在训练中他开始喊一些游戏里的语句。

"他把我杀了！"

"他在发电机房里！"

安德森大概是我见过最邋遢的家伙了。他经常穿着短裤、人字拖鞋，戴着耳机听着音乐来训练场。每个人见了都要取笑一番。

如果安德森和纳尼不在，帕特里斯通常会站出来帮卡洛斯翻译，因为他好像什么语言都会一点儿。俱乐部的翻译员给卡洛斯上了几次课，现在他已经能看懂英文的 DVD 了。如果有哪个外籍球员听不懂主教练的指示，他们通常去找帕特里斯，而帕特里斯会尽量帮他们翻译。

又一个早晨，当主教练试着把自己的意思转达给卡洛斯和纳尼时，我思考了一下，如果自己在一个不能和身边球员沟通的地方踢球会怎么样呢。我不敢想象不能和更衣室里的任何一位队友交谈的情景。当年离开埃弗顿的时候，如果我没有选择曼联而是去了国外，我肯定想知道教练在中场休息时的讲话内

---

① BBC 著名喜剧。

容，或者是队友之间的谈话内容。如果在别人说话时我只能干巴巴地坐着，会让我疯掉的。说不定他们在说我的坏话，而我却一无所知。

卡洛斯和安德森的到来让我们的更衣室出现了一个新玩意：一个看起来像塔迪斯 [①]（Tardis）的非常奇怪的吊床。它就像是一个立起来的日光浴机，但那东西可不会给你带来像好莱坞明星那样的古铜色皮肤，它的功能是给南美籍的球员提供更多的维生素 D。我想，当一个人一辈子都习惯于在阿根廷或者巴西火辣的阳光下踢球时，曼彻斯特的天气对他们来说大概很难适应。这个机器能为他们补充"卡灵顿气候（Carrington Climate）"所缺乏的各种维生素。

＊＊＊＊＊

我们是卫冕冠军，但在赛季的开端却表现得像一支挣扎中的中游球队。

曼联 0　雷丁 0

朴次茅斯 1　曼联 1

曼城 1　曼联 0

在对阵雷丁的比赛中我的脚骨折了；罗纳尔多在对阵朴次茅斯的比赛中被罚下，因为裁判觉得他头槌了对方的中场理查德·休斯（Richard Hughes）。在曼城的失利中，我们俩都只能袖手旁观，球队的排名一度跌到了第 17 位；我在理疗床上待了六个星期。这是个糟糕的开局，使得训练场上的气氛十分沉闷。

我在观众席上观看了主场迎战热刺的比赛。然后，疯狂的事情发生了：罗纳尔多站了出来，扼住了赛季的喉咙。眼前的一切让我难以置信，他最近两个赛季都表现平平，但忽然间却点石成金了，连头发上的挑染都好看了许多。看

―――――――――

① 《神秘博士》中穿越时空的飞船。

他踢球简直是一种享受。他蹂躏后卫线，完爆边卫；他从各种不可思议的角度射门得分；他速度惊人，在那些看起来即将一无所获的比赛里为我们得分。他肯定让其他教练及后卫们晚上做噩梦了。

他在对各种球队的比赛中得分：伯明翰、维冈、阿森纳、布莱克本、富勒姆、德比郡、埃弗顿、桑德兰、西汉姆。他在 6：0 狂扫纽卡斯尔的比赛里上演帽子戏法；对阵雷丁和朴次茅斯时打入了更多进球。他在欧冠小组赛阶段进了五个球，我们在一个有罗马、里斯本竞技和基辅迪纳摩的小组中保持不败，名列第一。教练不知道是该让他当个纯粹的得分手还是边锋。他让对手的防线七零八落，但我们也在做出自己的贡献。我从伤病中复出，进了不少球。我、罗尼、特维斯、纳尼、萨哈（他一直受伤病困扰）组成了联赛中最佳的进攻组合，也许还是全欧洲最佳。

不过，当圣诞赛程来临的时候，还是得靠罗纳尔多。他正在用实际行动实现成为世界最佳球员的诺言。

我心想，没错，*他看起来最犀利了*。

训练的时候我也能感觉到，其他队友都有相同的想法：*天呐，别对罗纳尔多下脚太狠了，周六我们还得靠他呢！*

\* \* \* \* \*

英超积分榜（2008 年 4 月 20 日）

|  | 场次 | 净胜球 | 积分 |
|---|---|---|---|
| 1. 曼联 | 35 | 54 | 81 |
| 2. 切尔西 | 35 | 36 | 78 |
| 3. 阿森纳 | 35 | 37 | 74 |

赛季接近尾声的时候，我们差不多比切尔西多 20 个净胜球，都快值一个

积分了。我在进球，特维斯在进球，而罗纳尔多似乎每场比赛都在进球。他在对阵纽卡斯尔的比赛中进了两球（5∶1），对博尔顿进了两球（2∶0），对德比郡（1∶0）、利物浦（1∶0）、维拉（4∶0）、米德尔斯堡（2∶2）、阿森纳（2∶1）都有进球。他有着特殊的任意球技巧——用脚背触球，球在空中旋转，改变方向，让守门员很难预测球的路线。在训练中，他打进了不少这样的球，我花了很长时间看他训练，却始终无法参透他是怎么踢的。他的支撑腿在球边用力，几乎有微弱的跳起，这说明他几乎是在空中把球踢出去的，这个技术使球下沉。不过，即使我观察他踢了一个又一个任意球，自己尝试的时候依然失败。

罗纳尔多的良好状态意味着他现在能顶在前面了，于是我就去了边路。对此我并不在意，为了球队无所谓啦，但我还是更喜欢踢中锋。在边路上我不能很好地表现自己（不过，我明白自己不管在什么位置上都能给球队带来胜利），并且踢得比较吃力（这我倒不介意）。但是，踢边路跟中锋是很不一样的，来回跑 90 分钟会让人精疲力竭。

令人烦恼的是，罗纳尔多能踢边路，这是他的角色。然而，那个时候罗尼是世界上最好的球员，他顶在最前给对方造成了巨大的威胁。我不抱怨，也不会跑去教练办公室抗议。我从不会踏上训练场说："除非今天踢前锋，否则我就不干了！"我只是去习惯这些事情。

后来，罗尼在对罗马的欧冠四分之一决赛中，打入了一个可以媲美阿兰·希勒的头球。我们前往奥林匹克球场做客——那里的气氛一直很吓人，比分僵持在 0∶0。斯科尔斯从禁区右侧斜传至点球点。一开始，那看起来不是朝向任何人的。只见罗纳尔多从中线冲刺过来，他高高跃起，颈部的所有肌肉都紧绷着，把球顶过门将多尼（Doni）。这是我所见过的最好的头球之一。

这个客场进球，大大提升了整支球队的自信。随后对方门将失误，我轻松地把球送入网内。我们以 2∶0 赢得比赛。第二回合，特维斯在主场打入进球，帮助我们 1∶0 赢得比赛，晋级半决赛。等待我们的也许是欧冠里最好的一支球队——巴塞罗那。

＊ ＊ ＊ ＊ ＊

第一回合在诺坎普（Nou Camp）举行。我一直都梦想着能在那个球场里踢球。小时侯，我去过一次诺坎普。那是一次学校组织的旅行，我们去了巴塞罗那。我背着双肩包，穿着校服走进球场，立刻被它的宏伟所震撼。在球场外偶然碰到巴萨守门员鲁德·赫斯普（Ruud Hesp）并拿到签名，我们都不敢相信自己的好运气。当时我想：*在这里踢球该是多么令人难以置信的经历啊！*

当我终于第一次跟随曼联踏入此地时，我才发现诺坎普是多么巨大。

*这地方太令人不可思议了。*

我不敢相信一个球场能有这么高，所有的一切都如此庞大。巴萨甚至在通道里建了一个小礼拜室，好让球员们进行祈祷。当我们第一次踏上球场草皮时，我看到周围布满了音响。每一个音响都播放着从观众席上传来的声音，好让场上的球员们听得格外清晰。洪亮的声浪让人感觉置身于摇滚音乐会中。

不过，我们才不会被吓到，因为有了另外一个计划。整整一周，我们都在主教练的得力助手卡罗斯·奎罗斯（Carlos Queiroz）的指导下练习如何击败巴萨。某个午后的训练课，他在健身房的地板上放上一个个垫子，表示当巴萨拿球时他要求我们出现的位置。当他把代表斯科尔斯的垫子与卡里克的垫子并排放在中场的位置上时，我发现他俩之间毫无空隙。

"这就是我要求你们在场上与队友之间保持的距离。"他说，"不要离对方太远，否则会被他们的中场断球。"

队友们面面相觑，觉得奎罗斯一定是疯了，但我们知道他值得信任。战术上他无懈可击，他知道我们应该如何进行比赛，并且一直带领我们赢球。他经验丰富，曾经在皇马和南非国家队工作；主教练知道在准备时，卡洛斯能带给我们优势，因为他总是知道如何从战术上赢得比赛，尤其是在客场挑战巴萨这样的球队的时候。

宣布首发阵容的时候主教练告诉我，这次我还在右边路；英格兰中场欧文·哈格里夫斯（Owen Hargreaves）是右边卫。罗纳尔多出任单箭头，特维斯则在他身后。起初，这有些难以接受，但比赛一开始我就满场飞奔——回防、边路突破、到处拼抢。我们的目的是尽力防守，然后伺机而动。第三分钟，我们的努力差点儿就得到了回报：他们的一名防守队员在角球时手球犯规。

*点球！*

裁判判罚了点球，但是罗尼主罚的时候击中了横梁。我明白我们失去了一个宝贵的客场进球。

球队错失这样的良机，我们的信心暂时被打击了——尤其在对阵巴萨这样的强队时，一个客场进球弥足珍贵。但是，这个打击很快就被遗忘了。我们紧缩防线，我很少能够上前，连对方的大禁区都极少进去。我专注于防止巴萨进球，以至于全场比赛只做出了一次传中。比起创造机会，本场比赛我更多的是盯着他们的左后卫埃里克·阿比达尔（Eric Abidal），他经常上前助攻。每一次他上前的时候我就跟着他，紧追不舍，拦截传球。他们的前卫安德雷斯·伊涅斯塔（Andrés Iniesta）是个大师级的球员，经常用他快速的传球带动比赛的节奏。他时不时地从左边内切，导致比赛更加艰难。

*天哪，我就这么跑啊跑啊跑啊，快累死了！*

我带着伤痛在比赛。上一场对阵布莱克本的比赛中，他们的中卫瑞恩·尼尔森（Ryan Nelsen）在一次铲球中和我相撞。比赛最后以 1 : 1 平局结束，但我个人的损伤比较严重。尼尔森的膝盖撞到了我的臀部，留下一大片瘀血。赛前队医在我的后背注射了一剂止痛药，而注射的过程比屁股上的乌青还要疼。现在，止痛药的效力过了，我疼痛难忍。

比赛异常紧张，我们在抵挡巴萨，大部分时间都是他们在控球。斯科尔斯和卡里克在中场紧紧相依；卡洛斯在健身房用垫子布置的战术正在奏效。这可能是本赛季我们在防守端的最佳表现，我们勉强保住了 0 : 0 的平局。我知道进攻端不是我们的最佳表现，赛后我也意识到，边路并不是我喜欢的位置，但只要我在场上，曼联又向欧冠决赛迈进了一步，我就毫无怨言。

＊ ＊ ＊ ＊ ＊

同一周，我们既要去客场挑战切尔西，又要在主场迎战巴萨。如果我们周六在斯坦福桥战胜切尔西，那么在最后两场比赛中，只要再拿到一分就能成为英超冠军；如果我们在老特拉福德战胜巴萨，那么我们将晋级在莫斯科举行的欧冠决赛。此刻正处在一个疯狂的时期，而我的臀部还有些问题，这真是雪上加霜。我的臀部很疼，但我不是唯一的伤员。在和切尔西的比赛中，维迪奇在上半场时，面部遭到膝盖撞击，不得不提前离场。第 57 分钟，里卡多·卡瓦略回传失误，我抓住机会扳平比分。几乎在进球的同时，我的臀部顶不住了。放射性的疼痛蔓延到整个腿部，我甚至无法庆祝。这太痛苦了！主教练马上将我换下，接受 X 光检查之后得出结论：韦恩，第二回合对阵巴萨的比赛你无法上场。我很沮丧。曼联最后以 1∶2 输给了切尔西，意味着接下来的两场比赛我们必须获胜才能卫冕。我只能眼睁睁地看着，却不能帮助球队。

几天后，我像一个普通球迷那样在老特拉福德观看对阵巴萨的第二回合比赛。我捂着脸，透过指缝看着巴萨试图撕开我们的防线。斯科尔斯踢进了一个伟大的进球，25 码开外的远射让我们获得了晋级的主动权。然而，不久之后，比赛就变成了一边倒的攻防演练：巴萨攻，曼联防。观看这样的比赛是一种煎熬。每次巴萨拿球，我都觉得他们会得分。

他们的前锋里奥·梅西（Lionel Messi）有个机会。

伊涅斯塔有个机会。

亨利在比赛快结束的时候有个头球，但是没有进。

现在，我理解了在这种重大比赛中球迷们的心情。我的心一直悬在嗓子眼儿，感到紧张、焦躁和不安。当终场哨声响起的时候，我忽然感到前所未有的轻松，又感到无比满足。

*我们晋级欧冠决赛了啊！*

*这可是俱乐部层面上最重大的比赛啊！*

\* \* \* \* \*

联赛的倒数第二轮，我们击败了西汉姆，这样我们只要在最后一轮击败维冈就能夺冠。积分榜上，我们和切尔西的积分相同，但有净胜球优势。对阵维冈的比赛就像一场决赛，因为如果打平或者失利，而切尔西又战胜了博尔顿的话，他们就能获得冠军。如果我们都打平，那么曼联就是冠军。

赛前，球迷们非常兴奋，我们也很兴奋，当然维冈也是。我知道，他们想搅黄我们的庆功宴。比赛一开始，每个人都全神贯注，不敢有一丝松懈，快半场的时候我们一球领先，罗纳尔多打入一粒点球。半场休息的时候，我们走下草坪，但谁都不知道切尔西那边怎么样了。主教练也不说，他声称自己什么都不知道。

我们明白，他肯定知道那边的情况。

在更衣室里，我们一边喝能量饮料，一边骚扰每个工作人员——助理教练、队医、球衣管理员阿尔伯特（Albert），任何一个能给我们透点儿口风的人。我们的问题只有一个：

"切尔西落后了吗？"

然而，他们每个人都只是耸耸肩，摇摇头，或者假装没听到。下半场我们又进球了，从而终结了比赛，把英超奖杯再一次带回了老特拉福德。此后，切尔西就与我们无关了（他们1：1打平），冠军是我们的。

赛后我绕场一周，再次向朋友和家人挥手致意。但是，这一次我想起了2002年，那个时候我在埃弗顿看着曼联在我们的主场举起奖杯。古迪逊公园几乎没人了，只剩下占据球场一角的曼联球迷们。那时，我站在球员通道里看着这一切，非常嫉妒。我和所有在场的非曼联相关人员都想着同一件事情。

*总有一天，我也要像他们一样。*

几年过后，当我与斯科尔斯、吉格斯、罗纳尔多一起在 JJB 球场 ① 绕场一周时，我也体会到了在一座主场球迷几乎所剩无几的球场里庆祝冠军的乐趣。我又蹦又跳。尽管只有几千名曼联球迷在场，但仍然让我觉得是一场决赛的胜利。

那天晚上，我们在一起庆祝，但并不像上赛季那么热闹。队友们带着他们的妻子或者女朋友参加了俱乐部的年度最佳球员颁奖典礼，而不是在城中的酒吧里喝酒，也没有人想去喝酒。每个人的脑海里都在想着下一个目标——取得联赛和欧冠的双冠王。下周，我们将在莫斯科与切尔西争夺欧冠冠军。他们在半决赛中淘汰了利物浦晋级。尽管如此，我还是喝了一杯啤酒，和卡里克坐在一起试图炒热气氛。我们俩拿了个话筒开始唱：

"冠军！冠军！我们，我们，我们！冠军，冠军……"

我们渐渐没声音了。我环视周围，没有人跟着我们一起唱。吉格斯、斯科尔斯、内维尔这样的老队员都经历过这些，他们明白下面还有更严峻的考验。他们知道，在莫斯科之后我们才能大肆庆祝。好吧，他们是对的。

*他们的经验引导着整支球队。*

---

① 维冈主场。

第十一章　莫斯科

欧冠决赛的规模大大出乎我的意料，就连和巴萨的半决赛都不能与之相比。比赛前的那一周，每个人都很兴奋，每个人都在议论。在训练场上，我听老队员们讲述 1999 年欧冠决赛那晚，曼联 2：1 击败拜仁慕尼黑（Bayern Munich）的故事。加里·内维尔和吉格斯告诉我，在补时阶段赢得比赛是一件多么疯狂的事情。我也跟一些前曼联队员聊起过这些，比如索尔斯克亚（Ole Gunnar Solksjaer），当年就是他在最后时刻打入制胜球的。这会儿，他在卡林顿担任前锋指导。他向我描述了欧冠决赛时那种激动人心的感觉和赛后球迷们热闹的庆祝。

　　在一本杂志采访中，泰迪·谢林汉姆甚至重新演绎了当年中场休息时的讲话。当时，曼联一球落后，听说主教练走进更衣室，瞪着队员们，指着门说道：

　　"出去看看那座奖杯，要是你们不打起精神来比赛，这就是你们距离大耳朵杯最近的一刻了。"

　　这个周末，整个国家的目光都聚焦于此，因为这是一场英超球队之间的决赛。

　　*曼联对阵切尔西。*

比赛的前一天，我们飞抵俄罗斯。主教练召集所有球员开会，组织我们观看了 1999 年决赛的 DVD。对于那次决赛我的印象并不深刻，那时，我才 13 岁，在家和爸爸、弟弟一起在电视上看的。

现在，当我再次观看这场比赛时，不敢相信拜仁的优势竟然如此明显。

*上半场他们就已经领先三四个球了，我们怎么可能 2：1 获胜呢？*

接着，主教练开始进行特色鲜明的演讲。

"那场比赛就是俱乐部历史的缩影，"他把音量关闭之后说道，这时屏幕上仍然播放着大卫·贝克汉姆在赛后捧着奖杯绕场奔跑的画面，"它证明了我们是一支永不放弃的球队。拜仁慕尼黑在上半场就可以让我们望尘莫及，可他们没能做到，这就意味着我们还有机会翻盘。当我们迎来机会时，我们扳平了比分，给了拜仁一个教训。就算到了伤停补时阶段，我们依然坚信自己能赢。最后，我们真的赢了！"

他给我们看球队在赛后的庆祝情景。谢林汉姆、大卫·梅（David May）、舒梅切尔相互拥抱，拜仁的球员们则垂头丧气地瘫坐在草皮上。斯科尔斯和基恩因为被禁赛，所以穿着西装。他们捧着奖杯，和队友们一起欢呼雀跃。

他接着说，在和切尔西的决赛之后，希望同样的情景也出现在我们身上。

"在 90 分钟里，切尔西会有占优的时候。"他说，"但是，你们必须集中精力，保持冷静。如果你们能够做到这两点，我们会创造机会，赢得比赛。"

他关上放映机。每个人都一动不动地坐着，死一般的寂静。

"最后记住，"他说，"不要留遗憾。"

\* \* \* \* \*

莫斯科时间，下午 3：42。

距离开球还有几个小时，我在宾馆的房间里。

我简直要疯了。

*今天真是史上最漫长的一天。*

比赛的开球时间是晚上 10：45，现在距离去球场的时间还有好几个小时。我迫不及待地想要出发、热身、踢球、比赛，干点儿什么都行。距离赛前训练还有挺长时间，因此我试着休息一会儿，但睡不着。

我开始看电视，但节目都太无聊了。

如果坐下，我就开始不安。

于是我站起来，听着 iPod 里的音乐在房间里来回踱步。

这真是一场噩梦。后来，我和几名切尔西球员聊天。我知道他们大概跟我一样兴奋，一样焦虑。我也知道下周还有一场英格兰队的比赛，如果今晚我们输了，那我就没脸去英格兰队了。

*我们绝不能输掉这场球。*

我憧憬着关于这场比赛的一切。更衣室，人群，通往草坪的路，我的第一脚触球。我试着集中精力，把注意力放在进球上，但这六个小时里我所想的全部是：如果我们今晚胜利了，那将会是怎样的美妙呢？

我想，作为一名足球运动员，最不好的状况就是无尽的等待。特别是像我现在这样，毫无目的地坐着发呆。英超球员花在干巴巴等待上的时间多得惊人。比如周末我要打一场 90 多分钟的比赛，但赛前好几个小时我都会无所事事地等着。什么都不做，就是干等；一边等一边想象比赛的时候会发生什么。

今晚和切尔西的比赛，这场世界足坛最盛大的俱乐部之间的比赛，和以往的主场作战其实并无区别。早上我们进行了训练，接着坐上球队大巴，等待就此开始。我们回到宾馆，继续等着。吃点儿东西，讲点儿战术，然后做个按摩，回来接着等。每个周末都和今天类似：比赛是短暂的，而等待却是漫长的。有时候，这真的很无聊，就好像自己被囚禁了一样，哪怕是在莫斯科这样遥远而疯狂的城市，我也不能出去散步，看风景。

*如果能够吃片安眠药，好好睡一觉，醒来就到了比赛的时间那该多好。*

等待是最煎熬的时光，但今晚的比赛会让所有的等待都有它的价值。前提是，获胜的一方是我们。

\* \* \* \* \*

百无聊赖中，我们召开了一次全队会议。主教练宣布了首发阵容：

1 号　埃德温·范德萨

3 号　帕特里斯·埃弗拉

4 号　欧文·哈格里夫斯

5 号　里奥·费迪南德

6 号　韦斯·布朗

7 号　罗尼（罗纳尔多）

15 号　维达（维迪奇）

16 号　迈克尔·卡里克

18 号　斯科尔斯

32 号　卡洛斯·特维斯

10 号是我，和卡洛斯一起顶在最前，罗尼在左路。

*声响。*

等待结束的时候就该准备出场比赛了。我坐在更衣室里，穿着红色的衬衫、白色球裤、白色球袜。穿好球鞋，我开始祈祷。

*我准备好了。*

主教练也准备好了。他穿着灰色的俱乐部西装，外面罩着白色的俱乐部外套。他在更衣室里走来走去，再次把我们召集起来，进行又一次的赛前动员。

"记住这家俱乐部的历史，"他说，"记住对拜仁的那场比赛。想想巴斯比宝贝及他们留给曼联的财富。今年是慕尼黑空难 50 周年，50 年前的那场事故夺去了他们的生命，因此，我们今天的胜利对俱乐部来说至关重要。而且，命运早已决定了我们将笑到最后。我们绝对不会输掉这场比赛！"

我望着他。他快 70 岁了，但我无论如何都想象不出他退休的样子。他就是为这种大场面而生的。人们一直都在谈论他什么时候会从曼联退休，享受生活，但我知道这不会发生。现在，罗纳尔多和我在进攻端配合默契。斯科尔斯、里奥、加里·内维尔和吉格斯也仍然坚挺。我能感觉到主教练想和我们一起打造另一支冠军球队。现在，我们已经两次赢得联赛冠军，他的身心也更加强健。

我想他一定比别人更想赢得欧冠，因为去年对米兰的失利给了他额外的动力。无论是在更衣室还是在球场上，他都让我们不要松懈，尤其是今晚。

他告诉我们赢得欧冠的快乐。

"什么都比不上这种快乐。"

他提醒我们成为球员是多么幸运的事。

"你们还不明白真正艰辛的工作是怎么样的，"他说，"你们的祖父母们天天为了生计而辛劳。而你只需要拿着高薪，努力 90 分钟，赢得一场球赛就好了。因此，你们必须竭尽全力，如果哪个消极懈怠，我就把他换下来。"

他告诉我们俄罗斯的贫困现状，告诉我们俄罗斯球员的长辈们和球迷们为了生计不得不在工厂劳作。他告诉我们自己是多么幸运，而我们不应该为此觉得理所当然。这听起来好像很普通，但却很打动人心。他的赛前演讲有时候真的深入我心，让我跑得更快、踢得更用心。

*现在，我迫不及待要出场比赛了。*

他掌控更衣室的能力对整个球队来说至关重要，特别是在像这样的重大比赛期间。一些球迷觉得他营造了一个"我们对抗世界"的氛围。其实不然。我们知道整个世界并没有与我们为敌，但也明白所有球队面对曼联时的加倍努力。防守队员们的拼抢会更凶狠，边锋们会跑得更快，球迷们的嘘声也会更响亮。

我知道，欧冠决赛只会更加艰难。

*　*　*　*　*

　　有趣的是，当我站在莫斯科陆基尼日球场（Luzhniki Stadium）的草坪上，和切尔西球员们一起列队的时候，那些关于历史和别人的记忆瞬间烟消云散了。

　　*我要创造属于自己的历史。*

　　到处都是照相机的闪光灯。莫斯科被球迷们分成两个阵营：一边红色，一边蓝色。草坪上有个台子，上面放着奖杯。它看起来真美。我的心狂跳着，听着乐队演奏欧冠主题曲，心想，这也许是我一生只此一次的比赛。

　　*韦恩，你要记住主教练说过的话："不要留遗憾！"*

*　*　*　*　*

　　天空开始下雨。

　　场地变得湿滑，意味着皮球的移动方向变得难以预测，比赛的开局很不错：几次良机之后，罗尼在第 26 分钟首开纪录，但说实话，我们早该大比分领先了。我们的场面占优，却没能转化为进球，所以当"惩罚"来临时我并不感到意外。切尔西在上半场结束前扳平了比分。

　　有时候，比赛进程的改变只需要一瞬间。上半场结束前我们还掌控着局面，等到中场休息走向更衣室的时候一切又回到了原点，心情也因此而变得不同。如果对手没能迎头赶上，主教练可能会让我们回缩防守。现在，他要求我们继续进攻。

　　下半场开始之后，我能感到比赛渐渐脱离我们的控制，这让我有点儿无措。我们不能保持控球，切尔西赢得了一次次争抢，他们还打中了横梁。随着时间的流逝，我明白必须拖到加时赛才能重整旗鼓。90 分钟过后，我们终于坐在草坪上了。主教练走了过来。

"你们必须创造更多的机会，"他说，"如果不那么做，切尔西就会反击。你们必须每球必争。"

加时赛对双方来说都是身心上的折磨。太紧张了。我们筋疲力尽，我开始一瘸一拐。

*我的臀部又开始疼起来。*

唯一支撑着我踢下去的是意志力，是对胜利的渴求。我一定要亲手触碰那座奖杯。这个念头让我精神抖擞，但那还不够；我的腿和肺都开始罢工，主教练马上察觉到我不能继续比赛了。与瑞恩·尼尔森撞击所造成的后遗症仍然困扰着我，我的臀部太疼了。虽然这个赛季里，有好几次我都带伤上阵，事后也没问题，但今晚的加时赛让我超负荷了。

边裁举起换人的号码牌。

主教练将我换下。我很不甘心，但我知道球队需要一名精力充沛的球员，需要一名能在最后阶段撕开切尔西防线的球员。而纳尼的技术、速度和盘带提供了这个可能性。忽然间，德罗巴掌掴维迪奇，因此得到一张红牌。可就算多出一人，我们的优势依然不明显。经过90分钟和加时赛，两队还是难分胜负。该进行点球大战了。

2005年输给阿森纳之后，我开始和球迷一样痛恨点球大战。这与彩票无异。一个失误决定整场决赛的结果，罚丢点球的那名球员就成了替罪羊。我则处在最糟糕的一种情形中：我只能在边上观战，做无关紧要的那个球员。我不能罚球，又变成了一名球迷，类似于在场边观战的球迷们，或是在酒吧里、家中边喝酒边看球的人们中的一员。和那些人一样，我明白欧冠决赛的千斤重担落在了罗纳尔多、卡洛斯、哈格里夫斯、纳尼和卡里克的肩上。

*我想罚点球。*

点球大战打响。我们打进两球（卡洛斯、卡里克），切尔西打进两球 [ 迈克尔·巴拉克（Michael Ballack）、儒利亚诺·贝莱蒂（Juliano Belletti）]；然后，令人不可置信的一幕发生了——罗纳尔多射失了。

*他可是最万无一失的那个啊！*

切尔西又打进两球，哈格里夫斯和纳尼也为我们进了球。每个人看起来都很着急。

*1998 年法国世界杯，我看着英格兰在点球大战中被阿根廷淘汰，痛惜至今。现在我的心情就跟当年还是球迷时一模一样。*

特里跑上前，准备踢第五球；如果他打进，切尔西就是冠军。在欧冠决赛上主罚决定性的点球好像是特里的命运。他是切尔西的队长、切尔西的英雄。在国家队的训练中，我见过他罚点球，百发百中。

*今晚，我们又要吞下苦果了。*

特里装作往右边射门，让埃德温扑了个空，然后把球踢向左边。如果一切顺利的话，这会是个必进的点球，可是在最后一刻，他滑倒了。他的支撑腿滑了一下，射门偏出。

我蹦起来庆祝。特里是国家队的队友，可是现在我管不了那么多了，我为他的失误开心不已。每个球员比赛的时候都会有这种自私的想法。特里坐在草皮上，低着头，万分沮丧。我则在一旁尽情欢呼。

这是个决定性的时刻。现在我确信我们能赢得比赛。表面上，比分是4∶4，我们踢进的点球数相同；但是心理上，我们一球领先。比赛到现在已经变成了勇气的比拼，而我们的队伍最不缺这个。

安德森上前：球进了。

卡鲁尔（Salomon）上前：球进了。

*如果我能踢下一个球就好了，可惜现在我只能和主教练、助理教练、球衣管理员站在一起。我们只能看着一整个赛季的命运由点球来决定。*

吉格斯走上前。

天知道他的脑子里在想什么。他的经验那么丰富，大多数情况下从不怯场。今晚他看起来非常镇定，仿佛这只是一场训练，我们在和后备队的门将练习。

吉格斯进球了。

现在轮到切尔西不安了。比赛的天平正朝另外一边倾斜。

尼古拉·阿内尔卡（Nicolas Anelka）从中圈走到点球点，漫长而孤单。我看着他走过去，觉得有什么不太对劲儿。他的身体僵硬，看起来并不自信。通过他的肢体语言，我看到了他内心的恐惧，希望他崩溃。我希望他内心的恐惧能使他像特里那样滑倒，希望他失误，希望他把球踢飞。

我们的球迷们吹着口哨，他们的球迷为阿内尔卡缓慢而谨慎的脚步鼓掌。他放下球，一副挫败的表情。那一刻，我知道我们已经赢得了欧冠冠军。

他开始助跑。

*别罚进。*

他的支撑腿站定，低下头。

*别罚进，踢飞。*

他顺利地起脚，把球踢向左边，球向内旋转。对守门员来说，这个高度很理想，埃德温很快做出了扑救。他成功了，用拳头将球击出。

*我们夺冠了！*

一切都变得模糊不清。我和里奥、纳尼、安德森、教练们一起向着球门跑去。我们的球迷疯了，我也疯了。每个人都失去了镇定。罗纳尔多趴在草坪上，颤抖着哭泣；特里也趴在草坪上，颤抖着哭泣。瓢泼的大雨中，我看见穿着西装的加里跑去安慰特里。他真是个有风度的人。

我看了一眼特里，决定不在他面前庆祝。有时候足球待你不薄，有时候却不然。我是曼联球员，他是切尔西球员，但我们俩也是英格兰队队友。看见队友伤心并不是一件痛快的事情；我不会在他面前庆祝。我只是庆幸坐在那里的人不是我。

我抬起头，望向观众席上的科琳和家人。数以千计的球迷们脸上挂着笑容，冲我挥手，他们是其中的一部分。接着，我听见边上有人带着利物浦口音对我说：

"嘿，瓦扎，她在那儿呢。"

我转过身，原来是老家的一个朋友，穿着摄影师的衣服站在我身边，不知道他是怎么混进来的。我还来不及问，就看见了科琳他们的身影。我的家人们在人群中微笑着挥手，脸上满是自豪。紧接着我记起，通过点球大战输掉一场决赛大概是足球里最糟糕的事情；而通过点球大战赢得一场决赛，则是最美妙的。

*　*　*　*　*

直到午夜两点，我们才抵达举办庆功宴的场地。所有的球员都在场，大家喝了点儿啤酒。主教练站起来，又进行了一番演讲。他刚刚目睹我们成为联赛和欧冠的双冠王，却开始谈论起下个赛季，下个赛季我们要再登巅峰。我向四周看了一眼，我敢说所有人的心里都想着同一件事情。

*他就没有松口气的时候吗？*

第十二章　处子秀

在赛季结束几个星期之后的夏季休赛期，我在度假时碰到一个球迷，他问我关于英超冠军、联赛杯冠军、欧冠联赛冠军的事情，关于跟切尔西、阿森纳、利物浦一次又一次的激战：这一切都是从哪里开始的？我是怎么成为一名足球运动员的？我们聊了起来，我解释说，这一切始于我家房子后面的一块沥青地，我们把那里称作小球场（The Goals），属于当地一家叫作宝石（The Gems）的青年足球俱乐部。

　　我跟他讲起，6 岁的时候，我第一次到那个场地，从那时起一直到我 12 岁，从未间断。每天晚上放学后，我都会去，有时候只有我自己，不断地把球踢向围栏，再控制住反弹回来的皮球；从中尝试凌空打门或者任意球射门，盘带晃过想象的防守人。那个球场的大小对于一个孩子来说再合适不过，差不多是一个五人制比赛场地的大小，我可以很快地带球从一端的底线跑到另一端。

　　如果没有练习射门，我还会试着在球场的一角做对角线长传。我会试着轮流用正脚背、外脚背、左脚、右脚不断练习。我还练习盘带，尝试踩单车以及其他一些过人招式。直到妈妈喊我回家吃晚饭，我才会不舍地离开。

　　当宝石俱乐部晚上不开门的时候，我就会翻过围栏，到小球场踢上很久。

那块地的主人并不介意。有时候我很晚才去,看门的人还会特意为我留着大灯。第一次遇到这种情况时,只见那灯光闪耀下,长长的影子映在地上,就好像欧战晚场比赛一样——我觉得,自己就像是电视机里的球员。

在我穿上埃弗顿队球衣为其效力之前,我经常会去一家青年俱乐部。那里有斯诺克球台和乒乓球台,我还在那儿学过跳舞。那地方棒极了,是个属于孩子们的安全领地,可以愉快地玩耍。我很喜欢那里。我跟朋友们在那里很开心地消磨时间,不会有任何束缚。那里每天晚上都开门,所以放学后的很多晚上,我都会去宝石俱乐部,听听音乐或者打一会儿斯诺克。

当然,很多时候我会去沥青地踢球。我会假想自己为埃弗顿效力,把自己想象成邓肯·弗格森,在古迪逊公园球场的格拉迪斯大街看台前破门得分。

小球场就像是我自己的地盘。我很庆幸,有这么一个让我踢球的地方。如果不是在那里踢过球,恐怕我不会发展成现在这样的球员。总之,肯定会有所不同吧!每天在那儿踢球,让我从技术上和信心上都得到了提升,使得我后来代表学校校队,还有利物浦学校队,或者本地的坩埚屋队(Copplehouse Colts)比赛时,不畏惧任何对手。在代表坩埚屋队踢球时,我就被利物浦队的球探注意到了,后来埃弗顿也发现了我,并最终为我提供了第一份职业合同。

在我还小的时候,无论为谁踢球,我始终想着进球。或许因为我技术比较好,而且传球也不错,所以更早的时候我经常踢中场。不过,那也无法阻止我冲进禁区。我也进了很多半场射门。后来,我的位置提前,进球就更加不可阻挡了。即使在小时候,得分和赢球对我来说就意味着一切;对于足球比赛来说,那就是全部。如果一个足球运动员不喜欢射门得分,那他肯定是脑子出了什么问题。

当我还是个小孩子时,我并没有刻意去模仿哪个球员。当然,那时候邓肯·弗格森还在踢球,他是个优秀的球员,但我是阿兰·希勒和保罗·加斯科因(Paul Gascoigne)的忠实粉丝。加扎(Gazza)拥有高超的技术和梦幻般的想象力,而希勒几乎拥有一切:力量、技术、头球能力以及领袖气质。看他为英格兰队效力的比赛，让我激动不已。那时，我最希望自己能够成为像希勒那样的球员。

如果周末的比赛中出现了一粒精彩绝伦的进球，我会在整个周末都尝试着复制它，使出浑身解数摸索出其中的技巧所在。记得在 1995 年利兹联对阵利物浦的比赛中，托尼·耶博阿（Tony Yeboah）打进了一记炫目的凌空抽射，皮球越过利物浦队的门将，像子弹一样砸入球网。之后，差不多一周的时间里，我花了好几个小时在宝石俱乐部尝试着用同样的方式触球射门。同样，我也十分渴望复制迈克尔·欧文（Michael Owen）在 1998 年世界杯上那粒迷踪步般的进球，当时他代表英格兰攻破了阿根廷的大门。我为此不断尝试，直到主教练和队友们开始生我的气。他们告诉我要多传球，让其他队友也参与进攻，因为我太黏球了。

在小球场踢球，是我足球生涯的起点。但是，如果有人跟我说，我最终会代表埃弗顿参加英超联赛，穿上曼联的球衣驰骋于欧冠赛场，还有可能成为英超联赛最年轻的进球球员，我绝对不会相信他们。这些都是我从来不敢想象会发生在我身上的事情，无论我多么希望梦想成真。

当这一切成为现实时，就要追溯到在小球场练习的那段时光。我在比赛中展现出来的技术，是从那里孕育出来的。

\* \* \* \* \*

我给那个球迷讲述了自己代表埃弗顿的首秀，那简直是太疯狂了！那时，我在埃弗顿俱乐部已经踢了几年球，当我签下职业合同时，最初的周薪是 75 英镑，可能比我一些来自克罗克奇的朋友挣的都少得多吧！他们都在建筑工地上干活，可以赚到很多钱。但是，我每天都能和邓肯·弗格森、凯文·坎贝尔（Kevin Campbell）、史蒂夫·沃森（Steve Waston）一起踢球。我才不想跟那些朋友交换角色，绝对不会。

记得我还是青年队球员的时候，我总能看到加扎。我很享受在训练场边看他踢球。他的声音很大，总是像跟人吵架一样。在我 16 岁的时候，有一次在一场青年队比赛之前，我们正在更衣室里换衣服，加扎走了进来，好像要跟我们说些什么。

"小伙子们，"他说道，"你们有谁晚上要出去玩吗？"

我们面面相觑，每个人都在想同一个问题：*他想做什么？*最后，我觉得我得说点儿什么。

"嗯，我要出去的。"

这时，加扎掏出了他的钱包，拿出两张 20 英镑的钞票递给我。

"小伙子，拿着吧！"他说道，"晚上玩得开心，我请客。"我低头看着那两张钞票，而其他人都不敢相信眼前的一切——英格兰最伟大的中场球员之一给了我一笔活动经费。

当我被提升到一线队，跟他们一起训练时让我觉得很诡异，但是这也只是因为我并没有诚惶诚恐或是被他们的球星光芒震慑住，哪怕我是一个埃弗顿拥趸，我也很理性。我觉得自己已经足够优秀到可以跟其他人打成一片（又是那种默西塞德式的自信）；而比我年长的球员们也一直在帮助我，让我感受到自己是这个集体的一员。在 2002—2003 赛季的季前训练中，无论我们走到哪里，我都会在邓肯·弗格森的宾馆房间里跟他打电脑游戏。那真的太棒了！

接下来，距离新赛季开始还有 24 个小时，主教练大卫·莫耶斯告诉我，我会在埃弗顿坐镇主场对阵热刺的比赛中首发登场。我简直不敢相信，我的首秀就这样来临了。他叫我去他的办公室，然后让我坐下。

"韦恩，你明天首发，"他说道，"但是除了你父母之外，我希望你不要告诉其他任何人。我不希望热刺在比赛前就知道这个安排。"

我回到家之后，必须严守这个秘密。我告诉了爸爸和妈妈，并打电话告诉了科琳，仅此而已。那天晚上，我有个表兄弟过生日，生日派对就在离家不远的地方，但是我不能去，只能在家里无所事事，妈妈不得不帮我编各种理由搪塞过去。终于挨到了要睡觉的时候，可是我实在兴奋至极，根本无法入睡。我一个人在家里晃荡着，在床上辗转反侧。差不多每个小时，我都会看看钟表，祈祷着早晨的来临，但好像永远都不会来似的。

早上七点半，我起床了，终于可以结束漫长的煎熬了，可是在我离开家去球场之前，还有几个小时。我坐在屋子里，强迫自己放松下来。我看了看时钟：8：11；我看了一会儿《早间足球》（ *Soccer AM* )，又看了看时钟：9：32；到了中午，妈妈为我做了鸡肉和烤豆子作为赛前的正餐，我又看了看时钟：12：11。我敢发誓，当时那个钟的指针肯定是逆时针走的，因为时间过得太慢了。终于到了一点，我该带上装备出门了。多年以来，无论是星期日联赛，还是埃弗顿青年队的比赛，我都是这个时间出门，不过这一次，我将奔赴一个更高的舞台。

*我的埃弗顿处子秀，英格兰足球超级联赛。*

爸爸开车送我到球场，因为我年龄太小了，还不能开车。我甚至也不能喝酒，没错，那时候就是那么小。爸爸从小就是埃弗顿球迷，我们去古迪逊公园的路上，他非常兴奋，甚至都有些兴奋过度了。通常所有球员都会把车停在球员专属的停车场，但爸爸只能载我到球场正门的入口处，几乎所有人都从那里进场。我想我们两个都在用自己的方式为这场比赛做准备：我走进球场，换上球衣准备比赛；爸爸开车回家，搭出租车到酒吧跟他的朋友们相聚。他肯定充满了自豪感。

走进更衣室，跟队友们打招呼时，我也感到很兴奋。我觉得自己准备好了。我一直相信自己，知道自己已经足够出色；我早就知道自己会在这场比赛首发，可当我看到自己的球衣挂在墙上时，妙不可言的感觉直击心底。

鲁尼。

18 号。

*曾经属于加扎的号码。*

在我开始做赛前准备的时候，大卫·莫耶斯走过来跟我聊了聊。

"韦恩，上场享受这一切吧！"他说道，"放松点儿，在比赛中尽情展现自己吧！"

我把注意力集中在自己身上，环视四周，去习惯这一切。我能感受到，其他队友也都跃跃欲试，毕竟这是赛季的第一场比赛。每个人在夏天都努力训练，迫切希望有一个好的开局。有意思的是，他们迫不及待地希望比赛开始，而我迫不及待地希望*出场热身*。对我来说，一切都是新鲜的，哪怕只是在场地上慢跑，在球迷面前做做拉伸，都会让我异常兴奋。我正在跟那些曾经我在看台上为之呐喊加油的球员们一起踢球。如今，轮到我以埃弗顿球员的身份，在赛前体验这种欢呼。当我踏入球场，开始英超联赛的征程时，主场的球迷为我送上热烈的欢呼。我是个本地球员，而他们也因此希望我能做得不错。我不想让他们失望。

\* \* \* \* \*

比赛开始前，当我在踢着球热身的时候，发生了一件疯狂的事情：我觉得自己回到了儿时踢球的小球场。我在球场上奔跑着，而小时候的一切像放电影一样在我脑海中清晰地闪现。我爆射向我们的门将理查德·怀特（Richard Wright），在众多球迷面前热身，努力使自己冷静下来，不去想自己回到了那个旧时的青年俱乐部，对着生锈的球门和已经破烂的球网射门这回事。慢慢地，我的头脑冷静下来，为即将开始的比赛做好了准备。

这一切都令人欣喜若狂；球队的拥趸对于我的出场兴奋不已。我想他们有些人肯定通过电视观看了我在青年足总杯的一些比赛——上赛季我们打入了决赛，可惜输给了维拉。当时，很多本地媒体甚至全国发行的报纸都有关于我的报道。球迷们在上赛季末已经注意到坐在替补席上的我，他们肯定很好奇，我到底会成为一名怎样的球员呢？而且，他们更感欣慰的是，一个真正的埃弗顿球迷进入了一线队。

*我曾是他们中的一员。*

当比赛开始时，我听到球迷们在呼喊着我的名字。我第一次触球，每个人都发出欢呼。托特纳姆热刺队是一个不错的对手，当时他们阵中有很多顶级球员，比如泰迪·谢林汉姆、莱斯·费迪南德（Les Ferdinand）以及吉米·雷德克纳普（Jamie Redknapp），但我是不会被这些伟大的名字震慑住的。我记得热刺获得了一个角球，我回防到禁区附近，谢林汉姆跟我的队友争执起来，我甚至还过去跟他争辩了几句。当时，我只是个孩子而已，而他则是一名30多岁的英格兰国脚，在欧洲杯上进过球，还跟随曼联获得了欧冠冠军奖牌。尽管如此，我并不畏惧在他面前表达自己的想法。

67分钟之后，我感觉自己踢得还不错，但主教练决定把我换下场。我猜，他或许是觉得我差不多筋疲力尽了吧！我挺沮丧的，因为我想留在场上继续比赛，但是球迷们都起立为我鼓掌。他们想让我明白，我已经为这场2∶2的平局贡献了自己的力量。与此同时，我体会到了踢英超联赛的那种美妙感觉，我想要更多，现在还远远不够。

\* \* \* \* \*

比赛后，我爸爸像往常一样，去了一家本地的小酒馆，喝了点儿酒。我过去找他，跟他聊了聊这场比赛。看到我走进去的时候，酒馆里的球迷们都感到难以置信。他们簇拥着我，打着招呼，祝我在赛季接下来的比赛中好运。每个人都备感自豪，因为一个本地孩子在如此年轻的时候就进入了一线队，他们都为我感到开心。我坐在那儿，喝着一罐汽水，试着接受这一切。

*天哪，我现在是一名英超球员了！*

　　　　　　　　　　　* * * * *

　　在联赛杯 ① 对阵雷克斯汉姆队（Wrexham）的比赛中，我梅开二度，打开了自己在埃弗顿的进球账户。没错，为埃弗顿一线队进球的感觉棒极了，可我并没有那么兴奋，我想这是因为那是在联赛杯，而我更想在英超赛场进球吧！我希望自己能在 17 岁之前，在英超赛场进球，这个想法一直萦绕在我的脑海中。谢天谢地，我并没有等太久。

　　*阿森纳，2002 年 10 月 19 日，我生日之前的最后一场比赛。*

　　比赛在古迪逊公园球场进行。那天我是替补，但是有件事我记得很清楚：在比赛前，我看到阿森纳队的球员们在球员通道列队等候出场。我看到了索尔·坎贝尔（Sol Campbell）、大卫·希曼（David Seaman），还有帕特里克·维埃拉。此外，蒂埃里·亨利（Thierry Henry）、卡努（Kanu）也在那里。他们都很高大。我从来没有意识到大卫·希曼的块头这么大。我曾在电视里看过他无数次，但是当我站在他的身旁时，才感觉到他真的太魁梧了。

　　他们似乎在球场上也完全盖过了我们。开赛仅仅 7 分钟，弗雷迪·永贝里（Freddie Ljungberg）就为他们进球；幸运的是，在 15 分钟时，我们的前锋托马兹·拉津斯基（Tomasz Radzinski）扳平了比分。我实在太想上场了。我在替补席上观察着阿森纳的四个后卫，发现每当我们的球员拿球时，阿森纳队的中后卫就会撤得很深。*我想：如果我能进入那个空间，就试试来一脚射门。*

　　紧接着，到了下半场，主教练冲我点头，示意我上场。

　　"韦恩，去热身吧！"他说道，"准备上场了。"

　　我看了看计时牌，只剩下 10 分钟了，但是我依然很开心有上场机会，因为阿森纳是一支有实力的球队。他们那时位居积分榜首，并且已经 30 场联赛

---

　　① Worthington Cup，当时联赛杯的赞助商是 Worthington Brewery，一个英格兰的啤酒品牌。

未尝败绩了。我想看看在最强劲的对手面前，我能发挥出怎样的水平。

在比赛的第 90 分钟，我打入了制胜球。

皮球在空中飞来飞去，我们的中场球员托马斯·格拉维森（Thomas Gravesen）踢了一脚，球反弹着冲我飞来，我把球停了下来。突然，我发现自己已经在阿森纳中场线和后防线之间的那片空当了，于是我按计划继续。

*索尔·坎贝尔已经后撤了，我的机会来了。*

我蹬了一下球，然后用尽全力抽射旋向近角。皮球呼啸而出，越过了站在球门线上的大卫·希曼，重重击到横梁的下沿，然后反弹到希曼身后，砸进了网窝。他根本没机会阻止这脚射门。

*我进球啦！*

我都要疯了，飞奔向场边的球迷；这感觉真是棒极了，难以形容。我能看到球迷们的表情，我明白，自己为他们奉献了与众不同的表演。恐怕只有上帝才知道，那一刻我老爸脑中在想些什么。在比赛结束 20 分钟以后，我坐在更衣室里，仍然能听到球迷们在古迪逊公园球场外的街道上，高喊着我的名字。

\* \* \* \* \*

比赛结束后，我跟着爸爸去了酒吧。那里的本地人都簇拥着我。然后，我去了科琳家，跟朋友们在她家后院的车库里踢了一会儿球，跟往常的星期六别无二致。当时，天已经很暗了，街灯照亮了我们踢球的场地。我刚刚为埃弗顿打入了制胜球，帮助球队击败了阿森纳；现在，我在和朋友们踢球，就好像这跟英超联赛中的每个 90 分钟一样重要。这是我独特的庆祝方式，我明白这很疯狂，但是我想要的一切，不过就是踢球罢了。

第十三章　曼彻斯特

有趣的是，度假时跟那个球迷聊天，启发了我去思考一个问题：我现在成长为一名什么类型的球员，我在小时候是一名什么类型的球员。

　　当我最开始为埃弗顿效力时，远远没有成型。我那时很容易头脑发热，在比赛中踢得不顺时，就会异常愤怒。处子赛季中，我得到了八张黄牌和一张红牌。第一次被罚下的经历真是太糟糕了。那是对阵伯明翰的比赛，我替补上场，一次接球后拿球转身，奔向对方防线。我的触球让我感到恼火，那一下踢得太重了，于是我试图重新控制球权，猛冲向皮球，但对方中后卫史蒂夫·维克斯（Steve Vickers）已经先出一脚把球解围掉了。我没能及时收住，结果撞向了他，鞋钉刮到了他的小腿（那个伤口实在太严重了，他赛后缝了十针，这让我感觉糟糕透了）。我绝对不是故意的，真的只是试图抢回球而已。不过，主裁判并不这么认为，于是向我出示了红牌。

　　走回更衣室的路就好像一场噩梦。伯明翰球场的球员通道在球场的一角，感觉好像有几英里远；而那次铲抢的事发地差不多是在球场上离那里最远的地方，我似乎花了好几年才走回去。在我艰难地走向更衣室的路上时，所有在场的伯明翰球迷都在嘘我。当我走进更衣室时，我敢肯定那是最冷的一间，温度似乎已经是零下了。一个人坐在里面，给了我足够的时间思考，我感到很绝望，因为我很清楚自己会被禁赛三场。

在我生命中的那段日子里，当我在数千名球迷面前走进球场时，很容易就会变得兴奋，而肾上腺素会导致这些过火的行为。每当我穿上埃弗顿球衣，一切都太令人兴奋了，以至于我无法摆脱这种情绪。我还记得跟西布朗队的后卫达伦·摩尔（Darren Moore）之前的冲突。当时，两队在联赛中相遇，我带球沿着边路推进，他在追赶着我。我把球停住，我能感觉到他不想贴得太紧，以防我带球过掉他。于是，他站住位置，伺机而动，而我一只脚踩在球上，把双手放在臀部，他假装扑抢上来，诱使我做出动作。我猜他肯定在想，"这小子真不知天高地厚"。当我盘球要过掉他时，他狠狠地将我铲翻。或许我活该被铲吧，毕竟是我挑衅在先。

同样，在球场外我也会变得心高气傲。我憎恶无法上场的感觉。几场比赛后，大卫·莫耶斯把我放到替补席上，这让我异常恼火；听到这消息后，我生着闷气在家里走来走去。现在回想起来，我能明白他是想帮我，让我不要消耗过度，但是当时我只想踢球。如果没能上场，球队或者其他队友无论怎么做都无法令我开心起来。我讨厌被换下，或者仅仅被看作第二好的选择，他们都知道我的这个特点，或许也正是因为这一点，球队在安菲尔德0：0战平利物浦的默西塞德德比中，我没有进入首发。我猜主教练可能觉得我会情绪失控，毕竟我是忠实的埃弗顿球迷，这比赛对于我来说，有着比其他球员更特殊的意义。

我又一次觉得很沮丧，非常情绪化。比赛前我坐在更衣室里，想到不能上场就觉得非常烦恼。我走到球员通道，看到那个著名的"这里是安菲尔德"的标语（对我来说那毫无意义）；我希望能为我们队在这场城市德比中做出贡献。当我走出球员通道，坐在替补席上时，我知道我家里大多数人都会通过电视来关注这场比赛。他们很多人从没到过安菲尔德——他们太憎恶利物浦了，以至于根本不想踏入这个地方观看德比，而我则迫切希望为他们在这里留下属于我的印记。当我在下半场终于得以出场，我的一记爆射击中了门框。后来，有个球很高，我跑过利物浦的后防线，跟他们的门将克里斯·柯克兰德（Chris Kirkland）一起去争抢那个球。我们俩使出浑身力气冲向球，结果却重重地撞在了一起，又狠狠摔到了地上。我的臀部感到阵阵抽搐，队医很快跑了过来。

"韦恩，你感觉还好吗？"

"嗯，还行。"

我在撒谎。我当时疼得要命。但是，我绝不允许自己在默西塞德德比中，一瘸一拐地走出安菲尔德。

＊ ＊ ＊ ＊ ＊

我昂首阔步走进球场。2003 年，最大的球场，最强的球员，我的英格兰队首秀，对手是澳大利亚国家队。我一直在想，这会是怎样宏大的场面。我准备好了，我觉得我能胜任一切。现在回想起来，我能体会到那是一种怎样特殊的经历，但当时我满脑子想的都是我要踢球。

从金钱的角度来说，也足够疯狂的。我当时的周薪还是 75 英镑，我也刚满 17 岁。紧接着，俱乐部给了我一份职业球员的薪水，那数额是我上学时根本不敢想象的。当第一份薪水单发到手里时，我无法相信那个数字是真的。有趣的是，我不得不再等待一个月，钱才能存入我自己的账户。于是，我向妈妈借了点儿钱，先暂时用来度日。当发薪日来临时，那感觉真的很奇怪。我的银行账户里从来都没有过这么多钱。

在 2002—2003 赛季结束时，埃弗顿队恰好排在了欧战区之外。为了庆祝我的处子赛季，我带着科琳一起去迈阿密度假。我们那时太年轻了，那也是我们俩第一次一起出国。我们坐在飞机的头等舱，空乘人员给我们拿来免费的香槟。我们都很兴奋，点了好几种饮品，后来科琳把桌子上的一个玻璃杯碰倒了，杯子落在我大腿上，我不得不在之后的行程里半裸，因为我的裤子被空乘员拿去弄干,我的腰部以下盖着毯子。我们那时就像小孩子一样,一切都是新鲜的,包括第一次一起外出度假。

＊＊＊＊＊

接下来的一个赛季,埃弗顿的表现并不好,我也想不通究竟是为什么;我觉得有些人会说,我们是一支日渐老化的球队。2003—2004赛季是很多球员的告别赛季:邓肯·弗格森、阿兰·斯塔布斯(Alan Stubbs)、斯科特·格米尔(Scott Gemmill)、马克·彭布里奇(Mark Pembridge)、大卫·威尔(David Weir)以及大卫·昂斯沃思(David Unsworth)都离开了。那个赛季始终非常艰难。作为一支球队,无论是比赛的水准还是比赛的风格,我们都做得不好,很令人沮丧。赛季结束后我们排在第17位,仅仅比降级区高出一位。

在赛季即将结束时,我意识到自己有能力为一家更大的英超俱乐部效力,因为我已经成为英格兰队的常规主力,经常跟史蒂芬·杰拉德(Steven Gerrard)、大卫·贝克汉姆、弗兰克·兰帕德(Frank Lampard)、保罗·斯科尔斯并肩作战。他们全都是伟大的球员,而我觉得自己已经很好地融入了英格兰队。那时,我差不多跟他们踢得一样好,尤其是在2004年的欧洲杯上,我打进了四个球。欧洲杯结束后,我更加笃信自己有能力去踢更高水平的比赛——效力一家争夺英超冠军头衔甚至是欧冠冠军的俱乐部。

关于我离开埃弗顿的传闻也从那时起传得沸沸扬扬。2004年1月,报纸上报道说,切尔西、曼联、阿森纳和纽卡斯尔联都想要签下我。我不知道那些传闻是否真实,但是我很高兴其他球队注意到了我的能力。欧洲杯结束后,我已经做出了决定:离开古迪逊公园。

另一家公开追逐我的俱乐部是皇家马德里。当这一切逐渐浮出水面,我觉得能在西班牙踢球,我会很开心,当然前提是曼联不想签下我——他们一直是我心目中的首选。我也跟父母和科琳谈论了这些。他们都说："无论你怎样决定，我们都会支持你的。"但是，说实话，我心里一直更期待转会去曼联，而不是西班牙。

到了最后，第一个送上报价的是纽卡斯尔联，2000万英镑，但被埃弗顿拒绝了。接着曼联送上了报价。我跟大卫·莫耶斯坐在一起，告诉他我想去老特拉福德。

"你会接受他们的报价吗？"

他觉得转会费还不够高，但是曼联最终给出了更高的报价。我去他的办公室找他，说道："我跟您说，我觉得您最好还是接受这份报价吧！您知道我多么深爱这家俱乐部，但是为了我的职业生涯，我想要一个更高的平台。"

他回应道："除非你递交转会申请，否则你不能离开。"

于是，我径直走向俱乐部秘书的办公室，麻烦她帮我草拟一封申请信，提出转会离开俱乐部。当那封信被打印出来时，我拿着它走回了主教练的办公室。

"给，"我说道，"这是您要的转会申请。您会接受曼联的报价吗？"

作为一名埃弗顿粉丝，做出这样的决定并不容易，但是我觉得自己必须抓住这个机会，加盟曼联。这样的机会或许永远不会再有，而我希望能在曼联继续自己的足球生涯。现在，我也理解了莫耶斯的难处。我知道，他并不想放我离开，所以他只是想保证埃弗顿足球俱乐部因为我得到了尽可能更好的回报。

\* \* \* \* \*

在足球世界里，有些巧合实在很微妙、很有趣。在2004—2005赛季初，转会窗口截止日那晚，曼联在老特拉福德对阵埃弗顿。我当时因为2004欧洲杯时受了脚伤而休赛。有一个看台的曼联球迷们在喊着我的名字，那感觉真的很诡异，而此举也激怒了现场的埃弗顿球迷。如果那场比赛被安排在其他时间，可能那天我已经完成转会了。最后，直到转会窗关闭前的最后一个小时，转会才顺利完成。

　　尽管有这些插曲，但我的头脑还是很冷静的。我感觉不错，也并没有想着转会这事儿，无论是影响力、转会费，还是那些头条报道。我对于自己为曼联踢球充满信心。更重要的是，我对赢得冠军极度渴望。如今回头看看，我庆幸自己跨出了正确的一步。

第十四章　死敌/宿敌

2008—2009 赛季已经开始一个月了。几个月前，我在莫斯科举起了欧冠联赛的冠军奖杯，但是那份喜悦已经逐渐散去。现在，利物浦和切尔西并列位居英超积分榜首，这让我非常不开心。

**英超积分榜（2008 年 9 月 13 日）**

|  | 场次 | 净胜球 | 积分 |
|---|---|---|---|
| 1. 切尔西 | 4 | 7 | 10 |
| 2. 利物浦 | 4 | 3 | 10 |
| 3. 阿森纳 | 4 | 7 | 9 |

有意思的是，我从小跟随父亲在埃弗顿的看台上看比赛时所培养出来的那种感情，没有丝毫的改变：*我不希望看到利物浦踢得好*。即使作为一名职业球员，我仍然持有像一名年轻球迷那样的情感。当然，我很尊重利物浦这家足球俱乐部。我尊重他们所拥有的历史，以及他们赢得的奖杯。不过，我是在一种憎恶他们的情绪下长大的，因为球迷们就是这样，而这样的情绪从来都无法被抛开。我甚至跟一名记者提起，我依然讨厌利物浦，于是报纸瞬间将这一句炒

得沸沸扬扬。这样的头条标题随处可见：

鲁尼：我憎恶利物浦 [1]。

主教练不得不在媒体面前解释这一切。

"'憎恶'是一个经常被用到的词语，比说'不喜欢'更容易，"他说道，"或许这不是一个恰当的词。多年以来，鲁尼受到了那些球迷的影响，所以这一切很容易理解。"

其实，事情很简单，我就是在那样的环境里长大的。许多家庭成员作为埃弗顿的粉丝，甚至不会去安菲尔德看默西塞德德比，因为双方球迷的隔阂实在太大了。他们无法忍受站在那里。但是，这种情况对于双方球迷来说，都是一样的。我估计如果我问史蒂芬·杰拉德或者吉米·卡拉格（Jamie Carragher）——他们都效力并且忠诚于利物浦——关于这种死敌情节，他们一定会对曼联或者埃弗顿怀有同样的情绪。作为球队的拥趸，我认为这是我们从小到大耳濡目染所致。这算是一种归属感。

有些人或许会认为，这太疯狂了，但是对于球员来说，那种感情和那种不喜欢实在挥之不去，即使是对于一些在英超俱乐部踢球的成熟球员而言，也是如此。我认为，在支持一支球队的氛围下长大的英格兰球员，一定能感受到那种死敌的情绪。

对于外籍球员来说，一切就不一样了。他们从小支持的是自己国家的球队，并在那种氛围下长大，所以他们把类似的激情留在自己的祖国。当英格兰球员跟英超球队拥有那种感情纽带时，尤其到了德比战，总会激发出更多的能量和荣誉感，使他们热血沸腾。所以，对我来说，看到了利物浦在赛季初摆脱困境峥嵘乍现，实在不是一件值得开心的事情。

---

[1] 原著使用的是"KOP"，指利物浦的粉丝看台，这里指代利物浦。

尤其是考虑到，曼联当时还没有找到正确的节奏。

**英超积分榜（2008 年 9 月 13 日）**

|  | 场次 | 净胜球 | 积分 |
|---|---|---|---|
| ⋮ | ⋮ | ⋮ | ⋮ |
| 13. 曼联 | 3 | 0 | 4 |
| ⋮ | ⋮ | ⋮ | ⋮ |

利物浦能够取得如此成功的开局，关键在于杰拉德与他们在 2007 年签下的西班牙前锋费尔南多·托雷斯（Fernando Torres）之间产生了良好的化学反应。他俩组成的搭档在那年拥有了很好的契合度，并且看上去给所有防守队员制造了极大的麻烦。作为一名进攻球员，我能看得出托雷斯是一名才华横溢的球员（这一切都是前锋之间互相赏识的一部分——我能意识到其他前锋的才华，无论他们为谁效力）。他渴望进球，他身手敏捷，他对于进球有着很好的嗅觉。

同时我也觉得，那支利物浦的踢球风格很适合他。在快速反击的足球体系中，托雷斯充满了活力，而利物浦恰好是那种会快速向前推进的球队。反之，有些球队——比如在新主帅鲁伊兹·费利佩·斯科拉里（Luiz Felipe Scolari）治下的切尔西——倾向于从后场开始稳步推进。那时，切尔西的踢法并不适合托雷斯以及他突入禁区的那种跑动方式。

话说回来，我们也签下了一名非常出色的前锋——迪米塔尔·贝尔巴托夫（Dimitar Berbatov），这名保加利亚中锋已经在托特纳姆热刺队完成了几个出色的赛季。他在转会窗口即将关闭时完成转会，差不多是压哨签约，而他的加盟对于球队阵容无疑是一个非常有益的补充。我通过电视转播看过好多他的比赛，所以我很清楚他有多么出色。

我也认为贝巴①（Berba）可以很快融入球队，虽然他跟球队中其他人完

---

① 贝尔巴托夫的昵称。

全不同，但他拥有非常出众的技术——他喜欢把球控制下来，盘带护球；他非常无私。他还是一名非常强壮的球员，这超出人们的想象。在他的第一堂训练课里，他轻松摆脱了防守球员的纠缠，这多少有些令人震惊。

有人说他在球场上不怎么叫喊，其实在更衣室里，他也喜欢一个人安静地待着。关于他有多能闹或者多搞笑，我并不在意。对我来说，他是一名出色的球员就足够了。

随着新人的加盟，看上去主教练在选择他的首发阵容时，会陷入幸福的烦恼之中。包括我在内，罗纳尔多、卡洛斯、贝巴，四个人在本赛季中会在两个，或许有时是三个位置展开竞争。但是，对于俱乐部来说，有这么多的锋线可供选择无疑是件好事，而且说实话，这一切并不会让我觉得烦恼。如果说有什么影响的话，那也是这现状驱使我踢得更好。这种感觉始终让我浑身充满了力量。我明白，我需要在整个赛季集中精力，努力工作。*如果我做不到，他们中的某一个人就会取代我的位置。*

赛季之初，主教练安排的阵容是我和贝巴顶在前面，罗纳尔多在边路。后来，他做出了改变，让我一人突前，摆出了 4-5-1 阵型。卡洛斯不得不在好几场比赛里枯坐板凳，我为他感到有些遗憾（不过，没有遗憾到让他取代我的位置）。他并没有做错什么，但是他就是无法进入首发阵容。我想，足球有时候就是这样吧！一切都在于主教练在每场比赛前挑选了他的阵容，其他人只能接受自己的位置，而剩下的一切都取决于球员们。只要每个人能取得进球，帮助球队赢得冠军，大家就会很开心。

*只要这能帮助我们压倒利物浦，我就会很开心。*

＊ ＊ ＊ ＊ ＊

我们携手找到了正确的节奏……

切尔西 1：1 曼联

曼联 2：0 博尔顿

布莱克本 0：2 曼联

埃弗顿 1：1 曼联

曼联 2：0 西汉姆

曼联 4：3 胡尔城

不久之后，球队的排名攀升到了积分榜第三位，紧紧咬住了利物浦。

＊＊＊＊＊

任何人如果问我最钟爱的足球锦标是哪一个，我都会毫不犹豫地说是英超冠军，接下来是欧洲冠军联赛，然后是足总杯以及联赛杯。为什么呢？嗯，我觉得，那是因为我成长在英超联赛这个氛围之下。这是我一直希望能够踏上的赛场，当我还是个孩子的时候，就已经怀揣这个梦想了。请不要误解我，欧冠联赛当然是很重要的比赛，非常令人兴奋，但是英超联赛始终是我一直希望能够赢得的锦标，因为比赛一周接着一周，我全情投入其中。

*这种魅力使我着迷。*

我了解这些球队、球员及主教练，还有足球场——我一直通过电视关注着这一切。而且，英超联赛的对抗性、速度，以及足球比赛的质量都处于高水准。在每个地方，人们都在讨论着这些。各大报纸也充斥着相关报道，球迷们不会放过哪怕一个字。*而每一天，主教练弗格森都会把赢得冠军所需要的饥渴感传递给我们。*

有时候，球迷们或许会想："哦，太多的金钱影响着比赛，球员们并不是真的关心比赛本身，他们并不在乎输赢。"对于有些球员来说或许如此，但我不是这么想的。

从一开始，我就不是为了金钱而踢足球，而现在金钱也不是驱使我踢球的动力。

显而易见，金钱给了我不错的生活条件，而且帮助我以一种让我感到幸福的方式，供养一个家庭。但是对于我来说，金钱不是一切，它不是我生活中唯一的东西。如果曼联赢得了奖杯，那会是我最开心的事情；如果我的家庭很幸福，那也是最让我开心的事儿。当然，金钱会让这种幸福感有所提升，但我不是那种疯狂的人，每周跑到外面四处撒钱，仅仅为了让自己感觉好一些，或者是显摆自己。

对于足球运动员能够因为这个职业而挣到很多钱，我着实心存感激，但是俱乐部为我定下了薪水，所以那一定来自于他们对我恰当的评估。与其他顶尖球队相比，这是一个有吸引力的估价，所以这跟其他商业行为的法则并无二致。当然，很多人问我，我们是不是挣了太多钱，但是诚实地回答，我不知道。在预算允许的情况下，最顶尖的足球运动员能够挣到这么多钱（因为赞助商、投资者、转播商为英超联赛投下了大笔资金），那么这一定是公平的。而我不是设定预算的人。

有很多其他的职业体育赛事，那里的顶尖运动员能够挣到更多，但是似乎没有人在意。如果去看看美国职业篮球联赛（NBA）、美国橄榄球职业联赛（NFL）、顶尖职业高尔夫球赛、F1方程式锦标赛等大型比赛，人们会看到那些体育赛事中的明星们，挣到的钱远远多于英超球员，但没人因此抱怨什么。在影视界情况也是如此：许许多多的演员赚得比英超球员多得多，但是同样没人去埋怨什么。他们是在愉悦大众，跟我们一样。

重要的是，对于足球带给我的一切，我心存感激：踢球的乐趣，比赛的享受，当然还有财富，但是我并没有脱离现实。我买了几辆豪车，还给我和科琳买了一套房子。我甚至还给家里人买了套房子，但是我不觉得自己做得过分，或者是过度奢侈。我只不过是想把足球带给我的一切最大化地运用起来，而且我真的对此万分感激。

＊＊＊＊＊

当赛季全面展开时，我意识到金钱并不只是改变了大多数球迷对于球员的想法，还改变了他们对于俱乐部的认识。

突然之间，曼城俱乐部拥有了大量的金钱可以投入转会市场，因为2008年夏天，阿布扎比集团（Abu Dhabi United Group）收购了这家俱乐部。他们谈论着要买下哪名球员，以及俱乐部未来几年要怎样发展。这突然间使得本赛季的曼彻斯特德比多了些刺激。他们在谈论着冠军，以及成为这个国家，或者是整个欧洲最大的俱乐部。

*从现在开始，他们会对我们发起挑战。*

对我来说，看到他们上升到这个高度，成为我们的威胁，实在有些诡异。我已经习惯了看到赛季结束时曼城的排名远远落后于曼联，甚至当我还是刚刚爱上足球的小孩时，情况就是如此。即使偶尔侥幸战胜我们，他们也始终在联赛冠军的千里之外。现在，联赛中多了一个有实力的竞争者是件好事，强队之间的争夺会更加激烈。我不知道主教练对于曼城被收购这事儿怎么看，但是我知道，队友们比以往更想教训这个对手了。曼城突然间展现出的雄心，带给我们额外的动力，让我们有更大的欲望去确保自己仍然强于他们。

*更多的激战和硬仗将会到来，我们要确保自己仍然一往无前，独占鳌头。*

我说不清看到像曼城这样的球队开始撒着大把金钱时，自己是怎样的感觉。作为一名球员，我清楚自己对此无能为力；我知道我对这种事情束手无策。我也知道，曼联有的时候也会这么做，这是足球发展的一个必然形式。如今，太多金钱因素充斥在比赛中，而每一支球队都在试图提升他们的阵容质量。

没人能责怪一名主教练把更好的球员带到俱乐部的想法，就像在曼城那样，俱乐部主席一直告诉主教练：花钱买人，花钱买人，花钱买人。这不过是个很自然的现象。但是，我确实为足球运动的健康感到担心，特别是我发现有些大俱乐部似乎遇到了瓶颈。最近几乎每一年，都有一些英格兰俱乐部遭遇管理上的问题。我希望，俱乐部应该在他们有能力、财政有保证的情况下，去花钱引进球员，这一点非常重要。俱乐部不应该花钱豪赌，或是在财政拮据的时候花大钱。我认为他们应该始终根据预算量入为出。

有些支持其他球队的朋友总会说："哎呀，伙计，你说得轻松，因为你为曼联踢球啊！对于你们俱乐部来说，钱从来都不是什么问题。"这一点似乎不错，但是即使是我们队更衣室里的球员，也看得出足球是一项怎样疯狂的运动——一支球队前一年还在争夺冠军奖杯，第二年却陷入了财政困难，卖掉了所有的球员，还不得不面对球迷们的各种抗议。如今，俱乐部都应该保证只去买那些他们买得起的球员，而不应该冒着破产的危险做事。

显然，曼城买得起任何人。球员们和球迷们都看得出，他们的拥有者有着大把钞票，可以用来买入球员。我们知道任何价钱都不会难倒他们，因为他们能够为了一名球员付出任何代价。但是，我们必须忘记他们的金钱。*我们要全力以赴，努力工作。*

\* \* \* \* \*

11 月 30 日，我们以 1：0 战胜了曼城。我在上半场结束前打入了制胜球。在面对曼城的时候取得进球，总有特别的意义，尤其是现在。因为比赛的气氛显得很是特别，这向世界展现出我们仍然在曼城之上。

12 月，我们在欧冠联赛的小组赛中取得头名顺利出线；在联赛中，我们先后战胜了桑德兰、斯托克城、米德尔斯堡，在客场同热刺打平。我们把同利物浦的积分差距缩小到了七分。*我们要全力以赴，努力工作。*

\* \* \* \* \*

*我们要全力以赴，努力工作，因为我踢球不是为了名誉，而是为了赢得*

*胜利。*

作为一名昂贵的足球运动员，并没有帮助我赢得任何比赛，也没有给我的日常生活带来什么影响。诚实地说，我不会去想作为一名球员，自己有着怎样的商业价值。我甚至也不会去想我从埃弗顿加盟曼联时的转会费，哪怕当时每个人都为此感到震惊不已。这笔交易很明显是两家俱乐部经过商讨达成的，我并没有去想那个突如其来的数字，因为对我来说那似乎并不真实。那时，我只是在想去踢最高水平的比赛，努力赢得各种奖杯。

当我们在曼联赢得了奖杯时，我并不会去大肆庆祝，或者显摆什么，因为那不是我的风格。我不是那种经常参与大型派对的人，无论如何我都不想成为焦点。我一直记得，自己为曼联攻入的第 100 粒进球，在比赛后，我回到家里，看着电视，叫了一份中餐外卖。那天晚上有几个队友出去聚会，第二天我碰到他们的时候，问他们去了哪里。

"哦，那谁谁谁办了个聚会庆祝他为曼城出场 100 场。"

我无法理解这种事儿。显然，有些人并不需要什么理由去办派对，而我宁愿选择回到家里，好好休息一下。

*而且，我踢足球绝对不是为了名声，或者以一种疯狂的方式生活。*

我认为这个国家的足球运动员们被打造成了令人疯狂的超级明星，但是我们中的大多数都只是普通人而已。我们因为自己的职业赚到了大量的金钱，这一点很明显，而且我们拥有超现实的生活，但是有些球迷认为，我们因此变得趾高气扬。人们说足球运动员们与世隔绝，但是一个简单的事实是，我无法像之前没有人认识我的时候那样生活，因为那是完全不可能的。

在街上，球迷们会试图跟我交流；当我走进超市买东西时，摄影师们会跟在我的左右。对我来说，真是受够了。球迷们说："为什么你不像以前的球员们那样，去酒吧里跟支持者们聚一聚？"或者"为什么你躲得远远的，不和公众见面？"这是因为那样做会给我带来许许多多的烦恼。而当这些发生时，往往都是一场噩梦。

我并不是说："哦，我好可怜啊！"我并不想博取他人的同情，只是在陈述事实而已。我知道，不管好处坏处，我都得承受；得到足球和金钱的同时，我还得承受随之而来的关注，甚至是侮辱。我从中学到，这一切都是比赛所带给我的，而不是支票，不是声誉，也不是名望。我在思考，在我退役时，我希望留下怎样一个形象，于是我想到了这些：

1）我希望被认为是那种在比赛中每时每刻都全力付出的球员。
2）我希望被认为是一个胜利者。
3）我希望被认为是一名能传善射的前锋。
4）我希望被认为是最伟大的球员之一。

我认为，对我来说最重要的事，是球迷们认为我是那种勤勤恳恳、付出最大努力的球员。我希望被认为是诚实的，而诚实在足球界里非常不容易。人们往往认为，踢足球很容易，球员们不需要付出什么就能成功。然而，我不是那样想的。我讨厌不尽全力的想法，也讨厌看到球员们出工不出力，逃避责任。我知道有些球员在跟我们的比赛中会"消失"，尤其是当他们的球队 0：1 或者 0：2 落后于我们的时候。

他们放弃了。我看到过有前锋藏在我们后卫的身后，扬起双臂，假装去争那个球，向球迷们展示出迫切希望改变比赛的假象。其实，他们很清楚，球传不过来的，他们的边锋把球蹚得太大了，不可能在球出底线之前完成传中。这样，*他们就躲过一次争顶*。

我不是那样的球员，而我希望球迷们明白这一点。就像父母教育我的那样：*生活中最难能可贵的品质是努力工作*。但是，无论是在生活中还是在球场上，坚守这些可能是最困难的事情，特别是在压力之下。如果能够做到这一点，并且做得好，就是一种才能。这需要足够的勇气，因为如果我犯了一个错，导致曼联受到了影响，我无法逃避责任。在英超赛场，这绝对不可能。

每当终场哨声响起，而我们输掉了那场比赛时，我不会想到金钱，我会想着那场失利，而那会一直困扰着我。

\* \* \* \* \*

第二年一月份，利物浦队仍然领跑英超联赛。我明白，自己无法接受他们击败我们捧得英超冠军奖杯的情况。如果那不幸发生了，世界上所有的金钱都无法使我摆脱那种糟糕的情绪。

第十五章　事实

一月份的一个下午，我坐在家里的餐桌前，忍受着上午的训练课带来的酸楚。电视里正在播放天空体育新闻，声音不大。突然之间，镜头切换到了利物浦俱乐部。他们的主教练拉法·贝尼特斯（Rafa Benitez）在出席一场新闻发布会。这没什么好奇怪的，只不过是一些普通的问答，最有可能的是谈论一下近期的伤病、停赛情况，以及一月份冬季转会窗口什么的。但是，拉法从他的衣服口袋里拿出来一张纸，这引起了屋内所有记者的关注。

　　*这是怎么回事？他这是要辞职吗？*

　　我抓起遥控器，把电视的声音调大。

　　"……我觉得他们很紧张，因为我们占据着积分榜首……"

　　*他在谈论我们。*

　　"……在尊重裁判活动期间——我说的都是事实——弗格森先生因为对马丁·阿特金森（Martin Atkinson，主裁判）和基斯·海克特（Keith Hackett，退休裁判）的不当言论，而被足总调查。但是，他没有受到惩罚。他是这个联赛中唯一一个可以做这样的事情而不被惩罚的主教练……"

　　*他在那里唠叨些什么呢？*

　　我走近了一些，看着电视。拉法仍然在照着那张纸读着。

　　"如果他想谈论赛程，有一个公平的比赛环境——就英格兰而言——（那么）如果我们不想因为赛程有什么麻烦的话，有两个办法。其中一个跟在西班牙一样，上半赛季的联赛赛程抽签确定后，每个人都知道是哪个周末（他们会踢比赛）。天空体育台和Setanta体育台 ① 有权利选择他们要直播的比赛，这对所有人来说都一样。这样一来，弗格森先生就不会抱怨赛程，不会抱怨所谓的反曼联阵营了。

"也许还有另外一种方式，那就是弗格森先生在他的办公室排好赛程，然后发给我们，每个人都心领神会，而且不会抱怨什么，就是这么简单。"

*嗯？别这么软弱……*

"我们很清楚，每次我们做客老特拉福德，曼联那些人会做些什么。他们总是跟裁判们针锋相对，尤其是在中场休息的时候，他们会走近裁判，喋喋不休……"

*他现在在翻页了。*

"……所有的主教练都需要清楚的是，只有弗格森先生才有资格谈论赛程，谈论裁判，并且不会遭受任何处罚。我们需要搞清楚，我所说的都是事实，可不是什么故事。这些都是每个人在每个星期都看得见的……"

*我无法相信这一切。*

*事实，我的天啊！*

天空体育台的工作人员在屏幕上打出了英超联赛的即时积分榜。

*合理的事实。*

### 英超积分榜（2009年1月9日）

|  | 场次 | 净胜球 | 积分 |
| --- | --- | --- | --- |
| 1. 利物浦 | 20 | 22 | 45 |
| 2. 切尔西 | 20 | 31 | 42 |
| 3. 曼联 | 18 | 19 | 38 |

---

① 爱尔兰一家体育电视台。

利物浦仍然领先我们七分（尽管我们少赛两场），我知道，现在他们必须集中精力于下半赛季的比赛，那才是最后的争夺。恰恰相反的是，他们的主教练却在媒体面前谈论、抱怨着赛程以及裁判的问题。他读出了一项项列出来的"事实"，想说明曼联一直抱怨裁判、埋怨赛程。在那个时刻，我想到：利物浦看起来不会赢得联赛冠军了，因为我们的主教练已经让拉法心烦意乱了；我们已经让利物浦如坐针毡。而且，那些所谓的事实，不过是一些垃圾而已。

每个人都知道，拉法只不过想抓紧最后一根稻草。球迷们和英超联盟的官员们不会受这些东西影响的，对吧？也许，他是想胁迫英超联赛的裁判们，做出针对我们的判罚；也许，他是想让媒体的矛头指向我们，事实如何我不太确定。我所知道的是，当他手下的球员们第二天聚集在训练场上时，会感到无比沮丧。如果我为他们效力，我想我是会这么觉得的。如果说拉法在媒体面前的表态会造成什么负面影响的话，受害的肯定不是曼联。相反，那只会伤害利物浦足球俱乐部，还有他们的球员们。

*这是擦枪走火伤到自己。*

*他们正一步步走向失败。*

*我们会在此后奋起反击。*

\* \* \* \* \*

第二天，主教练弗格森在训练场上没有跟任何人提起贝尼特斯，因为他完全用不着这么做。我们每个人都在谈论这件事，所有人都觉得很好笑。

"最有意思的是那张写满字的纸！"我们中的一个人在史衣室里喊道。

"他这次太过火了……"另一个人说道。

但是，当主教练让我们在训练场上集合，让我们认真完成一场训练赛时，那些嘲笑和讽刺很快就平息了。一切照旧，没有人再去提拉法的那些"事实"，因为主教练想要我们聚精会神。他清楚，我们都斗志昂扬，心理上的优势已经倒向了我们这一边，现在最重要的是集中精力在战术上。

多年以来，弗格森爵士无疑积累了应付这种情况的大量经验，尤其是在赛季进行到了尾声，每一分都至关重要的时候。不过，我不太确定他是不是很喜欢卷入这种和其他教练之间的心理战，我只知道他确实很擅长处理这些事情。每当其他教练试图扰乱我们的军心，或者搅扰他的心智时，他总是能扭转那种事态，实在太老到了。他能够在赛前的新闻发布会或者赛后采访时用一句尖锐的话，把压力推给对手，这在竞争联赛冠军的征途中，对我们来说无疑是巨大的帮助。球迷们只需要回头看看，1995—1996赛季当弗格森发难时，在凯文·基冈（Kevin Keegan）和他的纽卡斯尔联身上都发生了些什么，就会深有感触。

*我们现在占据了心理优势。*

*拉法帮了主教练的忙。*

*我们能再次赢得联赛冠军……*

＊＊＊＊＊

3：0，我们干脆利落地拿下了切尔西，这一结果也巩固了我们在积分榜第三的位置。

然后，我们1：0击败了维冈。我在比赛的第一分钟进球，赛后我们攀升到了积分榜第二位。

当贝巴在第90分钟取得进球，帮助球队1：0战胜博尔顿后，我们来到了积分榜首。埃弗顿、西汉姆、富勒姆、布莱克本、纽卡斯尔先后被我们斩于马下。3月14日，我们在老特拉福德迎来了利物浦。本赛季早些时候，我们曾在安菲尔德输给了他们（1：2），不过那是因为他们的主场对于每支做客的球队来说都很困难，任何情况都可能发生。但是，这次比赛是在老特拉福德……

*我们准备充分，可以说是蓄势待发。*

我们的开局很不错，罗纳尔多打入了一粒点球，但是接下来场面急转直下，利物浦打入了四球。维达不幸吃到了红牌。我们尝试反击，换来的只是托雷斯不断地冲破我们的防线，创造着进球机会。他们抓住了我们的软肋，击败了我们。大家赛后回到更衣室舔舐伤口时，主教练看上去有些震惊。他不敢相信我们被1：4击败。更衣室内一片死寂。将近半个小时里，几乎没有人动弹。那场景真的太恐怖了！

\* \* \* \* \*

四月份，在迎战朴次茅斯队军团比赛的前夜，曼联当时仍然占据积分榜首。我在克拉文农场0：2输球的比赛中吃到了红牌（当时，裁判认为我冲他摔球），因此错过了3：2战胜维拉以及2：1战胜桑德兰队的比赛。当我回到了首发名单中，全队都为另一场激战做好了准备：主场迎战朴次茅斯，一场周中的联赛。

像往常一样，全队在比赛前夜集体入住曼彻斯特市的一家酒店，也随之与世隔绝。在酒店楼下的酒吧里，这个夜晚对于其他所有人来说一如既往地平常：有一群人在工作了一天后来这儿放松；来自各地的球迷聚在一起观看比赛；有些人明显是去参加盛装舞会，他们在酒店门前等候出租车，其中一个人还打扮成了吸血鬼的样子。

我们在楼上与世隔绝。楼下餐厅里的很多客人恐怕都不知道，一支英超球队的全体成员都在这个酒店里，因为我们今晚的一举一动，都在公众的视线之外。晚餐和全队会议在多功能房间举行，没有人打扰我们。如果我们全队要一起围在电视机前看一场晚场比赛，那也会是在某间套房里，远离其他宾客，或者在自己的房间里。每个星期都是如此，周而复始。每个人都明白，明晚的比赛非常重要，所以关键在于保持惯例，尽可能地像以往一样普通和平静。

足球运动员们的习惯往往很好笑。每场比赛前，我们都希望所有的时间表保持一致。全队聚餐、开会、大巴安排，这些惯例可不能被打破。我需要非常准确地知道，我要在什么时候做什么，才能够调整好自己的身心。我需要知道什么时候去放松，什么时候去吃下午茶，什么时候去睡觉。

然而那时，我真正想知道的是，大家都准备在哪里观看利物浦同阿森纳的比赛。我闲逛着走进了一个房间，队医正在帮助迈克尔·卡里克、埃德温·范德萨、强尼·埃文斯做护理。每个人都在无所事事地四处闲逛，而他们的眼睛都盯着液晶显示屏上正在播放的比赛。隔壁房间里，贝巴像一个球迷一样坐在床边，独自观看比赛。

接下来这 90 分钟的比赛可谓精彩纷呈。如果利物浦想给我们施加争冠的压力，他们就必须赢下这场你死我活的比赛。进球接踵而至。阿森纳新签下的俄罗斯前锋安德烈·阿尔沙文（Andrei Arshavin）上演了令人炫目的表现，他完成了帽子戏法。比赛进行到 90 分钟，比分是 3：3，然后……

*真是令人难以置信！他刚刚打入了第四球！*

整个房间顿时沸腾起来了。每个人都跳到了正在做背部按摩的范德萨身上；贝巴开始狂敲墙壁，他在隔壁房间里叫喊欢呼着。我们都在老大面前像孩子般地欢呼雀跃着，好像进球的是我们。

在庆祝的过程中，我们几乎忘记了利物浦差点儿压哨扳平比分的事实，但是谁管这些呢？今晚这场平局对他们来说也不是好结果，何况他们是在主场。

*我们距离赢得联赛冠军只差一步之遥，而且我们那场比赛甚至还没有踢。*

\* \* \* \* \*

第二天一早，我看着报纸，英超联赛积分榜上，我们跟利物浦同积 71 分并列榜首，而我们还有两场比赛没踢——两场我们一定要赢下来的比赛。

$$* * * * *$$

在与阿森纳的平局之后，利物浦在联赛中逐渐掉队；而我们将不败战绩保持到了赛季结束。

朴次茅斯，2∶0

热刺，5∶2

米德尔斯堡，2∶0

曼城，2∶0

维冈，2∶1

阿森纳，0∶0

胡尔城，1∶0

### 英超联赛积分榜（2008-2009 赛季）

|  | 场次 | 净胜球 | 积分 |
| --- | --- | --- | --- |
| 1. 曼联 | 38 | 44 | 90 |
| 2. 利物浦 | 38 | 50 | 86 |
| 3. 切尔西 | 38 | 44 | 83 |

赢得本赛季的英超联赛冠军有着极其特殊的意义，因为我们就此追平了利物浦队保持的联赛冠军数。虽然赢得任何冠军都是伟大的成就，但是赢得第18个顶级联赛冠军头衔，从而赶上他们（更何况还是在联赛竞争中直接战胜对手的情况下），这给俱乐部的所有人都带来了一种特殊的感觉。而且，作为一名埃弗顿球迷，这实在太让我满意了。如果看到利物浦夺得联赛冠军，那简直是一场噩梦；我不认为埃弗顿拥趸或是曼联球迷们需要去忍受那种结果，那已经很久都未有过了。

*对我来说，更是如此。*

不过我发现，赢得这些奖杯远远不够。每当我获得一个冠军，总会去想下一个，因为我想赢得更多。我甚至都不会在赢得那些奖牌之后再去翻看它们。我把它们放到家里某个房间的角落，再也没有拿起过任何一枚。我不知道这是为什么。虽然我很清楚，我不想丢掉它们，但是我从来没有把它们放在一起，一边欣赏，一边感叹：哇，我得到了一枚英超冠军的奖牌或者一枚欧洲冠军联赛冠军的奖牌。或许那是因为，我迫切希望赢得更多，或者我只是非常贪婪罢了。

* * * * *

在四五月份，我们同阿森纳队进行了欧洲冠军联赛半决赛的两回合比赛。在此之前，我们先后淘汰了国际米兰和波尔图。有些球员或许觉得，当两支英格兰球队在欧洲赛场相遇时，比赛的魅力会随之下降，但对我来说，完全不是这样。我喜欢这样的对决，比赛充满了看点，报纸和电视上的赛前造势也更加猛烈。球迷们都翘首以待；整个国家都为之沸腾。

欧冠比赛的方式跟英超联赛也有着不同之处，因为有客场进球这个规则，这影响了比赛的氛围，最起码改变了比赛战术。第一回合坐镇老特拉福德，我们率先进球，随后收缩防线。主教练不希望我们丢球，从而让对方收获客场进球，而在联赛赛场，我们更有可能会选择继续压迫对手争取第二个进球。最终，我们以1∶0取胜。第二回合做客酋长球场，我们又早早进球。突然间，我们掌控了比赛的走势。

我喜欢这样的比赛。我们拿到了一粒宝贵的客场进球，而且总共握有两球优势。阿森纳想要晋级就必须打入三球。我知道他们会扑向我们，全军出击，这就意味着在他们的中场压上的时候，我的面前会一片开阔，进球机会就会出现。接下来的比赛中，我们不断地冲击对方的空当，最终3∶1完胜；两回合的总比分是4∶1。

*当球队进了四个球时，谁还在乎客场进球呢？*

* * * * *

随后，我们在欧冠决赛中面对巴塞罗那队。

*全世界最伟大的俱乐部。*

这场比赛在罗马的奥林匹克体育场举行，在那里，从更衣室走到充斥着烟花和爆竹的球场，路很长。两支当地球队——罗马和拉齐奥共用这块场地——今天都不在这里比赛，但是球场依然十分喧闹。每个人都情绪高涨，无论是球迷还是球员。

赛前，主教练给球队排出了五人中场——包括我——罗纳尔多顶在最前面。"计划是在反击中重创对手，"他在赛前说道，"我们要尽量控制住他们，在中场不要太疲于奔命。如果我们能破坏他们的攻势，组织起反击，就会收获一个进球。"

我们开场踢得不错，中场球员高位压迫对手，但是他们队中拥有很多大师，尤其是哈维（Xavi）和伊涅斯塔；他们的小个子前锋里奥·梅西，几乎是这个世界上唯一一个能够超越罗纳尔多的球员了。他作为前锋可以拿球做出最疯狂的事情。我一直通过电视观看他在西班牙赛场以及欧冠联赛中的表现，所以我知道他有多出色。他的进球都是那么让人难以置信，但对他来说那看起来简直太轻松了。他击败对方球员然后进球——三名、四名，甚至五名防守队员，在他们之间闪转腾挪。他还利用头球和任意球机会得分，就好像那没什么大不了的。他也经常会被防守球员撞翻，但他总是会站起来。他不会喋喋不休地抱怨，或捂着脸在地上翻滚。他只是拍拍身上的尘土，继续进更多的球。

在梅西领衔的攻击线的不断撕扯下，我们的防线出现了漏洞，巴塞罗那队攻入了我们中场身后的地带。我们没能掌控比赛；我甚至无法从他们的脚下抢到球。他们那三名球员的技术实在太娴熟了，而且行动十分迅捷，在他们不断地传球和跑动时，我们只能在球场上追逐他们的影子。

最开始的几分钟，我们确实踢得很不错。对方后卫赫拉德·皮克（Gerard Pique）不得不做出一次伟大的拦截，才没让我们得分。但是之后，他们接管了比赛，肆意地传球，就好像我们都不存在一样。

传球。

跑动。

传球，跑动。

传球，跑动；传球，跑动；传球，跑动。

他们太快了，而且太小了，所有的人都是如此。每当我在争顶头球时抬起手臂，就会达到他们面部的高度，于是每次裁判都给他们任意球。

传球。

跑动。

传球，跑动。

传球，跑动；传球，跑动；传球，跑动。

比赛进行了十分钟后，他们凭借埃托奥（Samuel Eto'o）的进球早早取得领先，而在接下来的比赛中，他们用控球倒脚的方式掌控着比赛，轻松得像在开玩笑，搞得像是一场野球比赛。我们无法进入比赛的节奏，这真的太令人沮丧了，而且这很快就令人疲倦不堪。我们一直在追着他们的影子，跟随着对方球员，做出抢断却拿不回球权。我们无法把球送到想要送到的地方。当我们好不容易拿到了球，却精疲力竭，又丢掉了球权。接着，他们又突破了我们的防线，打入了第二球——这次是梅西的头球。他们以2：0取胜。我们讨厌看到他们举起奖杯的那一幕。

那天晚上晚些时候，我们有一个派对，跟每个赛季结束后一样：球员的妻子、女朋友及教练组成员，每个人都在。在最开始的一段时间里，气氛太恐怖、太低沉了，大家几乎都一声不吭。

喝了点儿东西之后，我尝试着鼓励一些队友："振作点儿，别这么脆弱不堪，咱们得向前看。那里有一座英超冠军的奖杯，那是属于咱们的。"

气氛逐渐活跃起来。大家一个接一个地跟奖杯合影留念。这耗费了一些时间，但是派对很快进入了轨道。那个晚上的大多数时候，每个人都故作坚强，因为输掉欧冠决赛的感觉实在令人窒息。不过，至少我们在一个艰苦的赛季结束时，还是为自己赢得了一座英超冠军奖杯。

*最好的奖杯，这是事实。*

第十六章　噩梦

*2009 年 7 月 9 日，我们返回季前训练营的第一天。*

我跟其他许多人一样，在度过假期之后，胖了好几磅。哪怕只有一周不训练，我都会重上两三磅。但是，当我第一天回到卡灵顿基地时，还是震惊了。俱乐部健身房的体重秤显示，我的增重情况远远超过预期。

*七磅，整整七磅！*

然后，我想起来了：我在度假的时候，喝了些酒精饮料。我是那种身材很结实的人，不像瑞恩·吉格斯，他浑身除了骨头就是肌肉，而我太容易长肉了。这并不是什么大问题。主教练也不会在看到那惊人的数字时，拍着我的肩膀，调侃或是取笑我吃了太多的薯片之类的垃圾食品。况且，我知道我可以在一两周之后恢复到正常水平。

当我们在度假时，球队为所有的人都准备了 些相对轻松的训练计划，但也不是强制性的。俱乐部希望我们不要在饮食上太夸张，尤其是临近假期结束时（但是，他们通常不会太在意我的体重有所增加），所以当我外出度假时，每个星期会去三次酒店的健身房，在跑步机上运动一下，再做一些力量训练什么的。这样一来，当我回到训练场时，会觉得身体状态还不错；在季前赛开始后，也不会觉得跑动有什么困难。

关于饮食营养方面，所有球员一年到头都很清楚什么该吃、什么不该吃。不过，我们有时候也会给自己破例。在赛季进行过程中，我从不觉得吃一份外卖有什么不妥。如果有需要，我可以随时去跟俱乐部相关人员探讨如何合理饮食。对他们来说，最大的问题在于，他们不希望我饮用太多的咖啡——我通常会在比赛前喝一些，而当我已经一周没碰咖啡，这时候喝点儿也并不会影响我。每场比赛前喝一些运动饮料总会对我有所帮助，但是那带来的心理影响可能要多过身体上的影响。

在假期里喝了一些酒精饮料，并且远离足球几周后开始季前训练，这在身体上还是很难适应的。这是所有人在新赛季第一次重聚在更衣室里愉快地叙旧时所不曾想到的。每个人对于重新开始工作都异常兴奋。各种玩笑从四处蹦出，每个人看上去都非常健康，皮肤都晒黑了。这感觉就像是学校的假期结束之后，大家第一天回到教室里。我们全都有一箩筐的故事要讲，大家都在谈论着各自的假期，每个人都笑得很开心。*足球运动员们在本质上不过是些大孩子罢了。*

球队里也增添了新面孔。安东尼奥·瓦伦西亚（Antonio Valencia）和迈克尔·欧文在夏季转会期加盟了曼联。对于欧文来说，融入球队似乎并不困难，毕竟他几乎认识这里的每一个人，无论是在英超赛场上作为对手，还是在英格兰代表队作为队友；而瓦伦西亚来自维冈竞技，他跟很多人都是第一次见面。每个人都努力让他感到放松，去跟他聊天，以打破那种陌生感。

最重要的是，我很期待看他如何踢球，搞清楚他的特点。从一名球员在更衣室的表现，以及在卡灵顿基地训练的方式，我就能推测出很多。每当有新球员加入球队，我总会觉得很兴奋，尤其当他是一名前锋或者攻击型中场球员时。我想要知道他们如何踢球；我很期待在训练场上和他们建立默契。如果他们迫不及待地参与到训练中，努力工作，那么我就知道，他们应该很适合这家俱乐部。

另外的人员变动是卡洛斯和罗纳尔多的离队。罗尼的离开并不怎么令人意外。皇家马德里向他提出了报价；他现在是*银河战舰*的一员了。我认为，大家都有感觉他会在这个夏天离队，因为他在整个赛季都表现得很出色，而媒体对于他将加盟皇马的猜测始终没有停止过。罗尼很希望在那里踢球，那是他的梦想，况且他一直都在抱怨曼彻斯特的天气。

"这里太冷了！"当二月份下雨时，他就会这样抱怨。而且，所有人都会抱怨这个，外援们甚至是英格兰本土球员也不例外。

我记得上个赛季的某一段时间，关于罗尼和皇马之间的传闻沸沸扬扬，以至于每当我们在训练场上进行练习赛时，罗尼总是会套上一件白色的对抗服，然后我们就开始各种调侃。

"看看你啊！"我们都大声喊着，"你已经穿上那件球衣啦！"

当我在假期里，有一天在泳池边拿起一份报纸，看到上面写着罗尼转会离开的消息时，并没怎么感到震惊。当然，这实在很遗憾。他是个很不错的家伙，一名出色的球员。我们都会怀念他的。

卡洛斯的转会也不令人意外，但是他在众多选择中转会去了曼城这一事实，还是出乎我们的意料。这对于球队来说是个损失，但是对于帕特里斯·埃夫拉来说，或许是个好消息。卡洛斯从来没有真正努力学习过英语，而帕特里斯始终在充当翻译，向他解释球队会议及一些谈话中都说了些什么。

当卡洛斯在俱乐部的时候，我很喜欢他；我们的关系不错，因为我们俩在球场上有着类似的工作态度。他总是充满了能量，在比赛中的任何时候，他都会贡献很多。他总是在比赛中努力奔跑，以至于有些时候都无法在卡灵顿正常训练，因为周末的比赛耗尽了他的能量。不过，那从未没有影响到他在比赛中的表现。他在比赛时总是表现出很高的水准。

我为卡洛斯感到有些遗憾，因为他看上去无法挤进首发阵容中。他并没有做错什么，不过我、罗尼、贝巴都踢得很不错，更多情况下，卡洛斯只能坐在板凳上。他开始感到沮丧，我觉得对于球员来说这是正常的反应。赛季进行到末期，我们都知道他很可能会离开球队，因为像卡洛斯这样的球员总是希望能够首发出场。不过，他加盟了曼城，这让我感到有些吃惊。

有人提到了市中心竖起的广告牌。

"这太夸张了，卡洛斯的身影出现在天蓝色的海报上，上面写着'欢迎来到曼彻斯特'。"一名队友说道。

没有人真的被那东西搅扰。很多时候，这种公众场合的惹眼举动只会在球员的脑海中一闪而逝，但是如果球迷们因此感到烦恼，我也能够理解。曼联和曼城主宰着曼彻斯特这座城市。我估计很多曼联球迷看到卡洛斯穿上那件天蓝色球衣都会感到不爽。他们或许只是觉得，那个海报仅仅是一个简单的宣传品，而整座城市还有许许多多的广告牌我们从来都没有见过。我只是今天从报纸上和队友们口中听说了这件事。

我主要在思考的事情是，俱乐部和球队会如何应对这段动荡时期。我们如何才能填补两位世界级球员留下的空白呢？当主教练来到更衣室里对我们讲话时，气氛很快变得不同了。每个人都安静地聆听着。

他先欢迎我们回来；他称赞我们，说我们在五月份赢得冠军时，踢得有多好。然后，他告诉我们，这个赛季我们必须表现得更好才能赢得冠军，因为切尔西、阿森纳、利物浦的实力都有所增强，当然还有曼城以及他们的支票。

"但是孩子们，你们要相信自己，"他继续说道，"因为我们仍然有足够的天赋去赢得联赛冠军，哪怕是缺少了两名伟大的前锋。"

接着，他走到我身边。他告诉我，希望我能打入更多进球，特别是在罗纳尔多和特维斯离队的情况下。

"韦恩，我希望你能进入禁区，抓住更多的进球机会。"

"但是教练，我一直都在踢边路。我现在是得接应自己的传中了吗？"

我是在搞笑，不过我明白他的意思。

"韦恩，以后会有很多比赛，我会把你一个人顶在最前面。"他说道，而这令我感到异常开心。这是我一直期待的，因为这样一来我就可以专注于破门得分，并且用我喜欢的方式影响比赛，不用再在边路上下奔跑，跟对方边后卫纠缠了。

接着，我们投入到工作中。

*到了身体测试的时候了。*

在 2008—2009 赛季末，所有球员都接受了对于体脂和心率的测试。我在季前的第一个任务就是，再测一遍这些数据，而那简直像谋杀一样：教练组对球队的每名球员都进行了血液检测和肌肉强度测试；所有人上跑步机进行测试。我戴上了一个氧气面罩，不得不在设定的速度下跑了 18 分钟。每三分钟，一名队医会进行一次抽血。通过不同的检验，他评估着我的运动机能和健康状况。整个赛季中，曼联的体能训练师和队医们始终在查看这些检测结果，从而评估我的力量、体力以及身体健康状况。队医告诉我，他可以通过做一些检查，然后对比夏天搜集的数据，预知感冒的来临。

当这些体检都进行完，大伙儿在餐厅吃完午饭后，我开车回家，脑海中只有一个想法：*我会在整个赛季作为前锋出场。*

我感到心情畅快，特别是过去的几年中，我始终在比赛中踢边路。这将会是一个令人兴奋的赛季。如果说有什么能让我冷静一下的，那就是从明天开始在卡灵顿基地的训练会更加艰苦。

*我将会为假期的放松而受些罪。*

＊＊＊＊＊

第二天上午，运动员们出现在了训练场上，所有的训练都在有球情况下进行：加速跑、慢跑、五人制对抗，所有的人都在一个长假之后，开始重新适应踢球的感觉。当然，并不是所有俱乐部都选择这样的方式恢复训练。在埃弗顿时，我不记得什么时候有过季前训练第二周之前能碰到球的情况，教练们总是让我们不停地奔跑，直到我们一步都迈不动为止。

在那天，我们做的最长一次跑动持续了 45 秒。训练的强度很高；那并不是我所进行过的强度最大的训练，但随后训练的困难度逐渐增加。主教练希望我们每天进行两堂训练课，分别安排在上午和下午。我们将会迎来一次季前亚洲行，他希望我们能够达到比赛状态。训练所用场地的范围在逐渐扩大，标准大小的球门也出现在训练中。突然间，我需要进行长距离的冲刺跑了，就跟在每场英超比赛中要做的差不多。我感到自己的肺部像被灼烧了一样；我在场上来来回回地不停奔跑着。

我们踢了一场 90 分钟的比赛，我感到自己的心怦怦跳个不停。每个人在踢了一个小时之后都感到筋疲力尽。第二天，我们又踢了一场。这次大概 75 分钟之后，那种疲惫感再次袭来。一个星期之后，全队在终场时依然感到精力十足。把体能状况维持在这样一个高水准，对于我们来说非常重要，因为我们曾经取得的许多胜利，都得益于临近终场哨响前不断地压迫和冲击对手。我们总是向对手施压以争取进球，无论是在领先、落后，还是比分持平的时候。我们从来没有随意把球踢进禁区里，然后等待运气的眷顾。我们始终都会利用场地的宽度，撕开对手的防线，将传中送到危险区域。为了做到这些，我们必须拥有非常好的体能。

*现在，我们做到了。*

几天之后，我们开始了亚洲行：马来西亚、韩国、中国。我们飞行了 16 个小时到达马来西亚，在吉隆坡的武吉加里尔国家体育场（Bukit Jalil Stadium），跟马来西亚明星联队踢了一场比赛。然后，全队飞到韩国，在世界杯竞技场（World Cup Stadium）迎战首尔 FC。接下来又飞到中国，在黄龙体育中心跟浙江绿城队进行比赛。亚洲之行结束之后，全队飞回了曼彻斯特。

这次亚洲行总共十天。我们花了很多时间在倒时差和飞行上，但是我们在那里感受到的支持实在令人难以置信。无论比赛在哪里举行，现场观众人数都会超过七万；无论我们走到哪里，都会有成百上千的球迷来跟我们合影。我无法离开酒店，因为外面的球迷实在太狂热了。但是，主教练还是在一天晚上给我们放了假，于是大家一起出去吃晚餐。全队在一家很不错的餐厅里喝着茶，还没等菜单拿上来，照相机和手机就从各个角度包围了我们。

＊ ＊ ＊ ＊ ＊

亚洲行之后几个星期，赛季开始了，我们以战胜伯明翰为开局（我打入一球），然后客场输给了伯恩利。紧接着，我连续四场比赛进球：

8月22日，维甘 0：5 曼联

8月29日，曼联 2：1 阿森纳

9月12日，热刺 1：3 曼联

9月20日，曼联 4：3 曼城

*我喜欢一个人突前的感觉。很多时候，我在 4-5-1 阵型中充当攻击线的箭头人物，这让我有些游离于球队之外。我不再像之前那么多地参与到比赛中，因为我不再需要后撤得很深参与防守，而这也意味着，我可以保存体能直到比赛结束。我的精力主要集中于在正确的时机出现在合适的位置上，抓住机会并取得进球。*

与曼城的那场比赛，结果实在太疯狂了，迈克尔·欧文在伤停补时的第六分钟打入制胜球，每个人都因此而震惊。尤其是曼城方面的大多数人，他们都觉得我们得到了额外的补时时间。媒体将其称之为"弗格森时间"（Fergie Time）；人们开始编造各种传言，说主教练威胁了裁判员，让他们在我们需要进球的时候，多给几分钟时间。

这是多么愚蠢啊！当时两队比分持平，曼城也跟我们拥有同样多的补时时间。我弄不清楚这有什么问题。如果曼城真的像他们一直所声称的那样，是一支志向远大的球队的话，就应该最大化地利用那七分钟时间。他们当时应该在考虑的是"我们还有时间攻入一球"。

然而，他们并没有做到，但我们做到了；我们清楚如何创造机会，比如我自己或者迈克尔可以站出来打进制胜球。这也是我们吸纳欧文加盟曼联的最初原因之一，我们把阵型转换为 4-4-2 时，我在前场需要搭档，他能帮助我。他总能在大场面中改变比赛。

到了圣诞节，我已经打入了 13 球，而使我的进球率提升的原因之一是安东尼奥·瓦伦西亚。他是一名速度型边锋，双脚技术不错，传球质量上佳。自从加盟球队以来，他一直状态火热。他的传中又快又深，皮球飞入禁区内，我也抓住了很多这样的机会。这其中最主要的原因是，我从训练中体会到，我要跟上他的节奏做好接应，而且很可能需要比之前跟罗纳尔多搭档时做得更多。罗尼的踢法非常犀利，但是瓦伦西亚总是沿着边线带球，然后传中速度更快。他的直觉总是传球，这让我更容易决定何时冲入禁区内，或者甩开盯防我的对方球员。我在同布莱克本、朴次茅斯、西汉姆以及狼队的比赛中取得进球，而球队位于积分榜第二位，紧随切尔西之后。我积攒了满满的自信。我在球场上所尝试的一切似乎都如愿以偿。如果我能保持这样的状态，2009—2010 赛季会是我迄今为止的最佳赛季。

*或许我能够超越罗尼之前创下的赛季 42 球进球纪录……*

＊＊＊＊＊

结果，我搞砸了。

12 月末，球队做客 KC 运动场对阵胡尔城队，上半场伤停补时阶段，对方后卫没能破坏掉达伦·弗莱彻的传中，我很轻松地首开纪录，帮助球队取得领先。下半场开始后，我们控制着球权，防守时阵型保持得很紧凑。当时的计划是，利用反击再入一球，但随后我犯了一个致命错误，对于任何球员来说那都是一场噩梦：我在把球回传给门将托马斯·库兹萨克时出现了失误。

我当时在中线附近被对方紧逼，决定将球回传，这样我们可以重新组织进攻，但是在我将球传出去的那一刻，我就知道传轻了，这球回不到禁区内。对方前锋克莱格·法根（Craig Fagan）断下了我这脚绵软无力的传球，直奔禁区。

*不！他是从哪儿冒出来的呢？*

如果这脚传球发生在球场另一边，球迷们会觉得这是一次很绝妙的传球，因为那力道实在是恰到好处。不过，遗憾的是，这是送给法根的大礼，他直接在我方半场得到了与门将一对一的机会。从那一刻起，我呆立不动，就好像陷入被追逐的噩梦中，应该撒腿跑却始终无法迈出步伐，我的双腿像灌了铅一样，似乎深陷在淤泥里。这太可怕了！

法根带球过掉了库兹扎克。

*踢飞吧，拜托啦，踢飞吧！*

我感到很无助。我站在那里，关注着局势的发展。球场里，还有电视机前的每个人都在注视着我，我感到孤立无援。我要一个人承受千万人盯着我犯下的错误。很有可能现在许多曼联球迷，正在他们家里的客厅中诅咒我。

*踢飞吧，拜托啦，踢飞吧！*

法根把球趟得太远了；于是，他选择传中，皮球越过了库兹扎克。在胡尔城的约兹·阿尔蒂多雷（Jozy Altidore）头球包抄时，我们的边后卫拉斐尔·达·席尔瓦（Rafael Da Silva）放倒了他，主裁判吹响了哨声。

点球。*我的错。*

他们得分了。*我的错。*

1∶1。*我的错。*

一架摄像机对准了我，我好像跟电视机前的每个人对视一样。一切都写在我的脸上：输球，想到主教练对此的反应，让我感到非常惶恐。在这样的时刻，没有其他球员会愿意跟我交换角色。

接着，我听到了那令人恐惧的声音：主教练正在冲着我咆哮。我当时就在中场附近，离教练席很近，几乎暴露在炮火之中。他已经离开了教练席，在那里吼着。虽然我无法分辨出他到底在喊些什么，但我知道肯定不是什么令人愉悦的话。我可不想转过身去，搞清楚具体是些什么内容；我可不想被吹风机教训。

我知道，避免悲剧的唯一办法就是赢得比赛，而且我要在接下来的半个小时里拼尽全力。幸运的是，这些都发生了。我们3∶1取胜，而我也主导了之后的两粒进球。我踢得很不错，天空体育台甚至在赛后把全场最佳颁给了我。

当我回到更衣室时，主教练跟大家握手致意。然后，他来到我的面前。

"你小子挺幸运啊！"说完，他就转身离开了。

我深深地吸了一口气。我知道，如果我们输给胡尔城或者打平的话，我就会是那个罪人。

\* \* \* \* \*

### 英超积分榜（2010年1月9日）

|  | 场次 | 净胜球 | 积分 |
|---|---|---|---|
| 1. 切尔西 | 20 | 29 | 45 |
| 2. 曼联 | 21 | 27 | 44 |
| 3. 阿森纳 | 20 | 30 | 42 |

\* \* \* \* \*

圣诞节后，我们五球击退维冈，跟伯明翰打平，然后战胜了伯恩利、胡尔城（我在这场4∶0的比赛中上演大四喜）、阿森纳及朴次茅斯。我们客场跟维拉打平。二月中旬，我们仍然位列积分榜第二位。紧接着，我们在古迪逊公园 1∶3 输给了埃弗顿，而我也实实在在地尝到了吹风机的威力。

这没什么好奇怪的，毕竟我踢得实在太差了；那是我最差劲的表现之一，我一次次丢掉球权，错过破门良机，传球也绵软无力。皮球不断地从我的身上弹开。我无法修正自己的错误，毫无办法，感觉非常糟糕。

在一场比赛的初期，如果我不在状态，我总能很快发觉。我的触球几乎从一开始就不太对劲；传球也会出差错，似乎很难控制好皮球；我的球鞋好像 50 便士硬币 ① 那种形状一样不规则。我尝试了一脚比较难的传球，但球没有像我想的那样运行，于是我变得沮丧不已。我试图做出一次阻截，让自己进入比赛节奏，但却踢到了对方球员。当我终于在门前获得射门良机时，却踢偏了。

在这样的比赛中，迅速解决问题是至关重要的。我会回头从最简单的事情做起，传几脚简单的球。我尝试平静地踢球，因为我不想再犯任何愚蠢的错误了。这样坚持几分钟后，我通常能找回自信。

不过，那天是个例外。我们先取得领先，但几分钟后埃弗顿就扳平了比分。我无法在比赛中做出什么决定性的表现。所有的出球都不对劲，而且我能感觉到自己的情绪上来了。我不断地努力尝试，但是球依然不受我的控制，这让我愈发沮丧。我根本无法越过对方的防守，甚至没法想象突破他们。他们好像变成了不可逾越的高山，成了我心理上极大的屏障：他们比我更高大、更迅速、更强壮。

我知道，自信心降低是球员的天敌。虽然这些我全都懂，可是我感到力不从心。这正在蚕食我的比赛感觉。今天似乎所有的事情都变得更加困难了，而我知道这对于球员来说是最糟糕的感觉之  。到了中场休息时，我感到自己快要爆炸了，像是鱼缸里的一条金鱼。那感觉就像是所有的人都在盯着我，但我无能为力。这有点儿像之前那场噩梦的重现：我深陷在淤泥里，无处可逃。

---

① 50 便士硬币为七角形。

然后，一切都变得更糟了。埃弗顿的球迷们也看到了我的糟糕表现，每次我丢球，他们都会爆发出嘲讽般的欢呼。

在下半场，一切都没有丝毫起色。

每当我有这样的表现时，总会有两种情况发生。其中一种情况是，我不再像平常那样频繁地要球，因为我担心自己可能丢掉球权。我不再那么想参与到比赛中，因为我不希望再出现什么失误。谢天谢地，这种情况非常罕见，而且在那天绝对不会发生，尤其是不能在埃弗顿球迷面前发生。

另外一种可能的情况是，我努力过头了。我迫使自己进入状态，我回撤很深，以赢回球权，但是向己方半场回撤得越深，破门得分对我来说也就变得越困难。况且这还意味着，一旦我出现失误，就会在更危险的区域交出球权。

曾经有过几场比赛，我带着这种情绪满场飞奔。当我试图以一己之力改变比赛时，我会在曼联球门的门线上做出解围或者在己方禁区附近贴紧对方进攻球员。随后，当比赛进行到最后阶段，我往往会精疲力竭。当埃弗顿打入那两粒反超的进球时，我就是在那样一个状态：我开始满场飞奔，努力抢回球权。

有时候，当主教练看到我不在状态时，会尝试让我平静下来；而其他一些时候，他会选择换我下场。

我讨厌被替换下场。每当我看到第四官员举起的电子牌上打出数字10时，通常都会感到很郁闷，对自己感到很不满。如果我踢得不好，我总能意识到，但我还是希望留在场上，弥补之前犯下的错误。

但是，我也要承认这一点：确实有过那么几次，当被换下场后，我感到了解脱。如果我正经历着一场噩梦，突然发现第四官员在按他的电子牌，有时候我会想，你为什么不把我换下去？看来今天是不可能了。

然后，当我坐在替补席时，我会感到一阵忧伤袭来。

人们说，当我被替换下场时，总是看上去很情绪化。好吧，那是因为我确实有情绪，但是这种愤懑并不是针对主教练，因为通常我都理解他为何做出那样的决定。我看上去很情绪化，那是因为我对自己感到失望。我会为自己的出色表现感到高兴；当我踢得不好时，我也会很失落。

那天，主教练把我留在了场上，让我踢完全场，而我们以 1∶3 输掉了比赛。

赛后在更衣室里，他冲我吼了起来。

"我绝不会再让你在这个体育场踢球！你在这儿简直不能踢得更糟了！"

他好像抓准了一个问题。我经常在古迪逊公园表现得很糟糕，因为在这里比赛对我来说仍然是件大事。我依旧想向埃弗顿球迷证明，为什么我离开了他们，以及我成了怎样一名球员。每当我回到这里，我总想证明这一点。虽然我在做客古迪逊公园时有过一两次不错的表现，但是其他更多时候，我确实踢得太糟糕了。

那天，是我最差的表现。

＊＊＊＊＊

在和埃弗顿的比赛结束后，我回到家里，然后发生了一些不同寻常的事情。科琳打开门，抱着我们刚出生不久的儿子凯。她笑着对我说："韦恩，太不走运了！"然后把孩子递给了我。我走进屋子，低头望着躺在我胳膊上的儿子。他正看着我，冲着我笑。现在，我怎么可能还生气呢？

于是，我也冲着他笑。我情不自禁地感到很开心，因为我想逗他玩儿。他才四个月大，但是他让我将所有的负面情绪都抛到了九霄云外。

"嗨，科琳，我们今天输掉了比赛，但是这是第一次，我没有陷在失败的情绪中。"

她笑了笑。我们都知道，这可是破天荒的。以前，只要我们输了球，我都会把糟糕的情绪带回家。在一场失利之后，我会整夜都带着脾气；到了第二天仍旧如此。我经常会坐在沙发上生闷气，一连数小时都不怎么动。我会一直看电视，因为直到凌晨三四点，我才能睡得着。我会在脑海里一遍又一遍地回放那场比赛，重现那些犯下的错误，耗费好几个小时为自己的表现而内疚。

有趣的是，当我在球场上打进一些漂亮的进球，或者做出一些妙至毫巅的事情时，一切都发生得如此之快，以至于我没有什么时间去享受。在那之后，当我想在脑海里像播放 DVD 一样重现那些情景的时候，我发现自己很难回忆起那些电光石火间做出的决定。我记不起把一记长传球停到身前的触球，也记不起球离开球鞋时的感受，更记不起我的射门越过对方门将的十指关飞入球门的场景。

然而，当我犯下一个错误时，我记得每一个细节。

即使好久之后，一切仍然清晰可见。在入睡之前，我会把一切都重放一遍。每当我想到这些的时候，都会感到羞愧难当。这真是太可怕了！

也许，承担起父亲的职责，给我开启了一个全新的视角。对于足球、对于胜利，我有着极大的热情，但是现在我有了一个家，有其他的责任需要我来承担。此时此刻，我必须和凯分享自己的时间；我必须担当起父亲这个角色。我不能再带着情绪了，而且必须自己去面对那噩梦般的比赛。

许多事情都发生了变化……

* * * * *

其实，也没有特别多。

我无法改变自己的性格。尽管在输给埃弗顿的比赛后，我比往常的情绪稍微好了一点儿，但我依然最为痛恨失败。我清楚自己踢得不好，等凯去睡觉之后，我重新回顾了自己的表现。晚饭后，我又看了一遍比赛录像，我分析了那些我做得不对的地方。当我在电视里看到自己犯下的错误时，开始感到非常烦躁，但是我能想到的唯一一件事就是：*我对于下一场比赛已经迫不及待了。*

我希望通过下一场对阵西汉姆的比赛中良好的发挥，将输给埃弗顿这件事抛诸脑后。等到裁判的哨声再次响起时，那些糟糕的表现会出现在我的脑海里。这会激励我更加努力训练，这会让我整整一周都更加卖力，甚至还会让我在晚上难以入睡。

*我已经等不及了。*

\* \* \* \* \*

我们以 3：0 战胜了西汉姆，我进了两个球。从失败中摆脱出来，这才是我想要的。

第十七章　激情

我跟这个国家的每一个球迷并无二致：每当新赛季的赛程在夏天公布后，我会快速地浏览一遍，挑出那些重大的比赛。

　　首先，我会找到埃弗顿；接着，我会找到利物浦；然后，我会找到曼城；最后，我会去找阿森纳和切尔西，也就是事关冠军归属的关键对决。

　　此外，我会看一看赛季揭幕战和收官战，我们的对手都是谁；在圣诞赛程中，我们又会和谁相遇。不过，诚实地说，联赛赛程里对我最重要的是对阵埃弗顿、利物浦、曼城的比赛，以及与那些可能阻碍我们夺冠的球队之间的比赛。

　　有时候，我会去找其他对我比较重要的比赛，比如默西塞德德比战。如果可能的话，以球迷的身份观看那些比赛，对我来说非常重要。我对此总是情不自禁。我仍然是一名埃弗顿球迷，当我在电视机前观看他们的比赛时，仍然会非常紧张。如果他们输球了，我就会难过。我会对着电视机大喊大叫，也会在他们遭受不利判罚时咒骂裁判。我甚至还给凯买了一套埃弗顿的小球衣。等到电视里直播比赛的时候，我们会帮他穿上球衣。

　　我并不是唯一一怀有这种感情的人。里奥告诉我，他总会留意西汉姆的比赛结果。迈克尔·卡里克总希望纽卡斯尔能赢球，除了他们跟我们比赛的时候。我们都知道那是一种怎样的感觉：坐在一个座无虚席的球场里，观看我们挚爱的球队比赛，在他们赢球时欣喜若狂，当他们输球时黯然神伤。这也是为什么得到自己球队球迷们的爱戴，是一件至关重要的事情。

每当我代表曼联队出场时，球迷们总会高喊那熟悉的助威词：

"鲁尼！"

"鲁尼！"

"鲁鲁鲁鲁……尼尼尼尼！"

这一切开始于看台的某一个角落，然后从那儿开始，声势一点儿一点儿地浩大起来，直到回荡在整个体育场内。当这一切发生时，我通常正专注于比赛，所以经常都听不到，但是在比赛间歇，我还是会听到自己的名字被全场呼喊着，这会促使我更加集中注意力。我以此来鼓励自己。有时，这会让我激动得浑身颤抖起来。

"鲁尼！"

"鲁尼！"

"鲁鲁鲁鲁……尼尼尼尼！"

当我踏入球场听到球迷的欢呼声时，我就充满了力量。每当我做出一次漂亮的铲断，或者破门得分后，听到这些欢呼声会让我更加激动。我感到胸中充满了自豪感。球迷们都站在那儿，欢呼雀跃，挥舞着各式各样的旗帜和标语，大声地喊着：

"鲁尼！"

"鲁尼！"

"鲁鲁鲁鲁……尼尼尼尼！"

这种感觉无与伦比。

＊＊＊＊＊

对于曼联来说，每一场比赛都举足轻重，但是到了某些比赛时，真可谓是万人空巷。对于埃弗顿而言，最重要的比赛无疑是默西塞德德比。在老特拉福德，则是对阵利物浦和曼城的比赛——利物浦多年以来有着伟大的历史，而曼城是我们的同城对手。

对于曼彻斯特的两支球队来说，这个赛季要经历多一倍的麻烦，因为两队在联赛杯半决赛中狭路相逢。两回合的比赛，主客场制，多了两场德比战。在1月19日的第一回合客场比赛前的一周里，每当球迷们看到我时，都会重复同样的话。

*我们一定要赢，我们不能不赢。*

在球迷们为比赛愈发疯狂的时候，主教练则在训练中让我们保持冷静。他让我们保持专注。他带领着我们像往常一样做着比赛准备，他对我们说，要把注意力集中在技术战上。他深知，如果我们能够正常发挥，就有很大可能赢得比赛，因为毕竟我们的实力远远强过曼城。

"如果你们保持清醒的头脑去比赛，那你们每次都能干掉他们。"他对我们说，"但是，如果你们失去了理智，那就给了他们机会。球迷们能够鼓舞他们的士气，使他们超水平发挥。无论曼城是全联盟最好还是最差的球队，都不重要；如果你们失去冷静，那么他们就会赢球。"

但是，轮到我们从精神上准备比赛的时候——在比赛前夜的全队会议上——主教练希望我们士气高涨、蓄势待发。他对我们说，这不仅仅是简单的胜负，还关乎当地球迷的热情和荣誉感，更是关乎曼彻斯特的战役。

"对于外面的球迷们来说，这就是一切。"

英国本土球员很容易理解这一点，他们对此心知肚明。迈克尔·欧文在会议结束后过来找我——他不敢相信主教练会如此激情澎湃，点燃全队的士气。他说："我的天啊！这是我听过最棒的演说了。"

有时候，外籍球员们需要一些讲解，一些更深入的解释，好让他们能理解这些。因为这种气氛和重要性对他们来说很新鲜，所以有必要跟他们讲讲德比战的规模，以及这个场合的重要性。敌对的情绪、球迷的喧闹、剑拔弩张的气氛，这可能是他们从未经历过的，尤其是曼彻斯特德比这样的大场面。如果一名球员没有准备好应对这些，那么比赛的节奏和紧张感会令他惊慌失措。

他们会说："哦，曼城上个赛季位列中游，这场比赛应该很容易。"

我跟他们说，并非如此。我告诉他们，这从来都不简单，而且这对于俱乐部的每一个人来说都意义重大。他们应该做好了准备，但是有些时候，这些队内的交流或是预警并不管用，比如 2010 年的足总杯第三轮，对阵利兹联的比赛。那场比赛跟对阵曼城的比赛在同一个月，主教练在训练时把我们聚集在一起。

"这会是整个赛季最艰难的一场比赛。"

我看得出来，几个外援一脸茫然。他们对这话显得毫无头绪。

"这怎么可能是整个赛季最困难的比赛呢？"维迪奇不解地说，"他们是英甲球队啊！"

于是，主教练向他娓娓道来，告诉他关于两队之间的宿敌恩怨，以及球迷之间的敌对情绪。他还谈到了哀兵必胜的精神，以及足总杯的魅力。维达似乎明白了这些，但我们还是输掉了第二天的比赛，被淘汰出了足总杯。有时候，即便是煮熟的鸭子也会飞走的。

\* \* \* \* \*

在同城德比战来临那天，我注意到了曼彻斯特气氛的变化，越来越多的人穿上了球衣。每个人都谈论着即将到来的比赛，无论是在超市里、酒吧内，还是在街头巷尾。曼联球迷对我说好好教训一下曼城，而曼城球迷则让我别那么在意。

这跟默西塞德德比有一些不同。因为当我为埃弗顿效力时，我们一直是挑战者，每个人都觉得利物浦会赢。如今我经历着截然相反的境况：曼联赢下了绝大多数曼彻斯特德比，球迷们期待着胜利，无论主场还是客场。在埃弗顿时，一场平局已经是不错的结果了；而在曼联，平局是很糟糕的事情。

比赛那天晚上，我能感觉到球场内的气氛逐渐高涨起来。这简直是疯狂至极，是我能想象到的最势不两立的气氛。当我们抵达他们的球场时，曼城的球迷从我踏上草坪开始热身那一刻开始，就不停地冲我起哄。他们唱着歌讽刺我，给我取各种外号，或者喊些乱七八糟、不堪入耳的话。

*我爱这一切。*

我爱这一切，因为这说明他们惧怕我，我让他们坐立不安。他们这么做是因为害怕我威胁到他们，或者取得进球。他们想阻止我进球，他们会想尽一切办法让我在比赛中无法正常发挥，但这从来不会困扰我。他们可以尽情地嘘我。我希望我们今晚好好教训一下曼城。

**＊＊＊＊＊**

比赛的进展并不顺利。我们在 90 分钟内的整体表现好过曼城，而且吉格斯帮助我们早早取得领先，但是随后他们获得了点球，卡洛斯上前准备主罚。我尽了最大努力去干扰他。尽管他是我的朋友，尽管之前每当我们踢欧冠客场比赛时，他都会开车载我去机场，但我还是希望他错失这个机会。我慢慢地走向他，在他把球摆到点球点的时候，俯下身去。

我轻声说："卡洛斯，别射进门框内。无论你怎么踢，别射进门框内。"

可他并没有那样。他一击命中，然后快速跑向曼联的替补席，向加里·内维尔做着手势。显然，这是因为在特维斯离开球队加盟曼城之后，加里在媒体面前指责过他；当卡洛斯跑到边线向板凳上的加里做着手势时，加里也果断回应了，因为他憎恨曼城。

后来，我问加里是怎么回事儿，他告诉我，他在接受一些报纸采访时曾说过，如果主教练决定不签下卡洛斯，那一定是个正确的决定，因为主教练在执掌俱乐部期间几乎没做过什么错误的决定。卡洛斯一定是在比赛当天上午看到了这些报道，他认为自己受到了冒犯。当他后来打入制胜球，并再次向加里做手势时，那对于场内已经刺刀见红的气氛毫无益处。

当第二回合的比赛到来时，我们众志成城。曼城在赛前一直在谈论他们的宏图大志。尤其是在夏天花掉大把金钱之后，他们希望能够获得欧冠资格。我们清楚，必须将他们打回原形。

*我们知道，我们必须胜利。*

我们取得了不错的开局，以2：0领先。这样一来，我们在总比分上以3：2占据优势。接下来，卡洛斯再次进球，让两队回到了同一起跑线上。当比赛看上去要进入加时赛时，我接到了一记传中，头球冲顶。球呼啸着飞过谢伊·吉文，应声入网，老特拉福德顿时变成了欢乐的海洋。

半个城市在纵情欢呼。

*我们再次挺进温布利的决赛赛场！*

我喜欢在德比战中进球的感觉，因为那总会多一些特别之处。这对于俱乐部意义重大，对于球迷们来说更是意义非凡。这会让他们在接下来的一周里欢欣不已。我感觉好像帮他们战胜了别人，或许还帮他们赢了几磅的小赌资。而在比赛的最后一分钟取得绝杀，就更是锦上添花的喜悦了，因为对手无法再次逆转。

那天晚上我开车回到家，通过电视一遍又一遍地看着那粒进球。我兴奋不已，甚至无法入睡。我喝了一小杯红酒放松自己；然后打开了Xbox，想玩一会儿足球游戏让自己疲惫一些，于是我用自己的名字登录了在线游戏平台。

我跟一个曼联球迷对战。他通过连接两名玩家的耳机设备不停地跟我讲话。他根本想不到自己是在跟韦恩·鲁尼的真身玩游戏，估计他只是觉得这不过是另一个曼联球迷的小玩笑罢了。他开始说起那场德比战。

"你看到鲁尼今晚的绝杀球了吗？"他说道，"那真是精彩绝伦。"

我笑了。我很清楚，打入制胜球的兴奋足以让我开心好几个星期，但是我没有向他透露我是谁。我只是坐在那儿，通过游戏手柄操控着传球，开心地笑了起来。

伙计，没有啊，我没看那场比赛。

"那真是棒极了，"他接着说，"最后一分钟的绝杀啊！"

当我们玩完游戏，我又开始回放比赛，一遍又一遍地看。之后几个小时，我仍然睡不着。就像每一个曼联球迷那样，我迫不及待地想开始第二天的工作了。

*＊＊＊＊*

本赛季至此，我已经打进了 26 球。

*现在才二月份，我仍然有机会赶超罗纳尔多 42 球的纪录。* 接着，欧洲冠军联赛淘汰赛阶段——八分之一决赛——做客圣西罗对阵 AC 米兰，我们以 3：2 获胜（我梅开二度）。每当我得球，主场的球迷都在不停地冲我吹着口哨或者发出嘘声。真的不能怪他们。我在面对 AC 米兰的六场比赛中，打进了六个球，而且我感觉自己处在职业生涯的最佳状态。几周后，温布利大球场举行联赛杯决赛，我在对阵阿斯顿维拉的比赛中打入制胜球，这种感觉更加强烈了。

我作为替补球员坐在板凳席；主教练让欧文作为单前锋首发。我尽管没有在场上比赛，但是一直坐在场边思考，怎样才能击败对方门将进球。作为一名替补球员，我会始终密切关注比赛的走势。我认为，这也是我上场之后总能踢得不错的原因，哪怕是作为替补球员。

我坐在温布利球场内，没有因为不能上场而情绪化，相反，我在观察着比赛的方方面面，急不可耐地想参与其中。詹姆斯·米尔纳（James Milner）

很早就利用点球帮他们取得领先，随后迈克尔·欧文很快将比分扳平。不过，我观看比赛时可不单纯是以球迷的身份，我要搞清楚对方阵型在哪里露出了破绽。我在观察哪些维拉球员体力不支了，如果我能上场，这些人会是我重点攻击的突破口。

半个小时之后，欧文受伤了，我已经准备就绪，只等主教练点头示意，我就开始做热身准备。尽管在我的号码出现在第四官员的电子板上那一刻起，我就进入了节奏，可是上场之后的前几次奔跑，依旧令我感到吃力。我记起瑞恩·吉格斯曾经跟队里一些年轻球员说过——包括强尼·埃文斯、丹尼·辛普森（Danny Simpson）在内——你在边线外做了多少准备活动并没有那么重要，上场之后的第一次奔跑一定会让你感到筋疲力尽。他说得没错，这一定是肾上腺素所致。虽然我的身体状况上佳，但是第一次奔跑触球后，我还是觉得呼吸困难。

比赛中需要非常多的奔跑，因为不只是节奏快，这场比赛还具备让中立球迷喜爱的其他特点：比赛非常开放，攻防转换尤为迅速，双方都有可能进球。马丁·奥尼尔（Martin O'Neill）时任维拉主帅，他喜欢让自己的球队收缩以缓解压力，并利用反击给对手制造麻烦；我们掌握着主动，但是对他们的中场无计可施。维拉的前场速度奇快，很有威胁，尤其是边锋阿什利·杨（Ashley Young）和前锋加布里埃尔·阿邦拉霍尔（Gabriel Agbonlahor）。我们犯下一个小错就可能让他们进球。我们的球迷都有些焦躁不安。

在下半场比赛开始后，我感到自己的状态不错。这听上去很夸张，但是最近几个月里，我参加的每场比赛，我都觉得自己能进球，这一次也不例外。

一个进球机会即将到来，我要抓住它并破门得分。

我猜这可能是所有在最高水准的比赛里进球如麻的前锋所需要的自信和专注。果不其然，我所期待的良机如期而至，瓦伦西亚在维拉禁区右侧形成突破。

他把球传给了禁区内的贝尔巴托夫。

贝巴的脚后跟回传戏耍了维拉的后防，瓦伦西亚迅速接到球。

他再次传中。我赌了一把，前压到点球点附近。我大概猜得到他的传球落点会在哪里，因为近来我在训练中看到过不少类似的套路。

*在卡灵顿的七对七练习赛。*

*贝巴接到球，在禁区内控制好。*

*其他球员跑向空当接应。*

*一记绝妙的传球给队友——纳尼、瓦伦西亚、朴智星或者吉格斯——接着就是一记飞进禁区的传中。*

*传球，跑动，进球。*

这个进攻套路的关键在于贝巴。他需要做的是串联其他队友进行配合，无论是在卡灵顿、老特拉福德，还是温布利。他的控球能力极佳；他的脚能轻轻松松停下一记 80 码外飞来的解围球。有的球迷认为他球风懒散，因为他的身体看上去极其放松，但是对我来说，他是我搭档过的最无私的球员之一。只要曼联赢球，他毫不在乎自己是否得分。而且，他破解类似今天这种维拉所摆出的密集防守的能力非常强。

这里的诀窍在于队友之间的默契。贝巴控制着皮球，于是瓦伦西亚知道跑向哪里去接应那灵动的传球。当瓦伦西亚接到贝巴的回传时，我知道我得掌握好跑入禁区的时机。等到他离球还有大概两步远的时候，我开始跑位以甩开紧盯我的防守者。

当时，最困难之处莫过于选择跑向哪里。这总是需要去猜测的。我还没有看到瓦伦西亚传球出来，所以这传中可能飞向前点或者我身后。我得碰运气了，不过好在今天运气不错：我向点球点移动，而现在皮球正向我飞来。电光石火之间，我必须做出下一个决定。

*我甩开防守我的球员了吗？*

*我应该把球停下来再射门，还是直接头球攻门？*

但是，当时真的没时间去考虑那么多。我在恰当的位置，准备就绪。皮球朝我飞来。我看到了皮球，看到了球门，还有一个冲过来试图断球的补防球员的胳膊……

*我要击溃对手。*

我顶出皮球，球越过了对方门将。

球进啦！

头球得分！

2：1！

这一切发生得就是那么快，制胜球如期而至。这是我早上醒来后，就梦想着打进的球。这是我从小就梦想能够打进的球——我一直都幻想着，在一场温布利大球场举行的紧张激烈的决赛中，射入一记绝杀。不过当时，我并不百分之百清楚自己是怎么做到这一点的。直到那天晚些时候在电视里看到回放，我才搞清楚是怎么回事，因为发生的一切都是本能反应。

我可以一练就是好几个小时，一周五天在球门前练习射门，一脚接一脚，或者练习头球技术。当这些常规训练提高我的比赛水平、巩固我的肌肉记忆时，我的本能并不能被训练出来。在那千钧一发之时，我只是简单地瞄准目标，想把球射进球门的右上角。至于选择头球攻门，伸脚打门，把球停下来，还是摆脱防守，我并没有细想，而是自然而然做出的决定。这可能是那种千载难逢的时刻，我甚至都不知道需要在比赛中做出怎样的决定。

我也不是唯一的。无论是效力哪个水平联赛的球员，都没有时间去分析决定自己该如何应对。充裕的思考时间是大家都触不可及的奢侈品。当然，我也如此。维拉的中后卫詹姆斯·柯林斯（James Collins），之前一直在保护着点球点附近的那片空间，在那一刻却并未完成任务。从身高上来看，柯林斯比我高出几英寸，而且他身强力壮。我只是抢先到了那里，而且反应更快。须臾之间，正是赢球与输球、成功与失败的关键。

第十八章　伤痛

我在英超踢足球很上瘾，它占据了我的生活。每天早晨醒来之后我想到的第一件事，以及每天睡觉前我想到的最后一件事，都是足球。关于足球，我有很多幻想，比如想象着为曼联赢取重大比赛的快乐滋味儿。这对我是极大的鼓励，因为代表曼联征战是一种光荣。这家俱乐部的影响力如此之大，球迷的期待如此之高，对球员的要求也愈发严格。球迷人数众多，他们都期待着胜利；当我进球后，他们会奉上最热烈的掌声。

　　大多数时候，我喜欢脚边有足球的感觉。在家里闲晃，从一个房间到另一个房间，我喜欢边走边踢球。当我打电话或者坐在椅子上时，我也停不下来，总是用脚颠球。像所有痴迷于自己的兴趣爱好的人一样，当我不踢球的时候，感觉会很低落。我需要足球。我记得，一个朋友曾经把踢球比喻成喝酒上瘾。"踢球之于我，就像喝酒之于其他人，"我的朋友这么说，"如果那些人八个月不喝酒，难以想象他们会变成什么样子。解禁后，他们迫不及待地踏进酒馆，任何琼浆玉液也比不上眼前的一杯啤酒。"

　　我能明白这种感觉。我痴迷足球，而我讨厌无法踢球的生活。每一次我受伤，比如像在 2009—2010 赛季，对阵拜仁慕尼黑的欧冠八分之一决赛中那样，我的脑海里首先想到的总是下一场比赛，以及我能否及时伤愈归队、上场比赛。

当我躺在拜仁慕尼黑的安联球场①（Allianz Arena）上，一只手揉搓着受伤的脚，另一只手向替补席示意需要帮助的时候，我的脑海里想的就是这个赛季剩余的比赛。

*在周六对阵切尔西之前，我能康复吗？*

90分钟的比赛即将结束，我们和拜仁慕尼黑战至1∶1平。我无法抑制自己内心的怒火。

*我的赛季提前结束了吗？*

接下来，事情变得更糟。当我还躺在球场上时，拜仁打入制胜一球。与每次德国队在重大比赛进球时一样，欢呼声排山倒海而来，让整座球场颤抖，提醒着我拜仁进球了。我在64秒时的进球让我们保持客场进球优势；但现在我们落后一球。好的开局没能延续到最后。

*我会好起来吗？*

伴随着终场哨声，曼联队医罗伯·斯怀尔（Rob Swire）向我跑来。他解下我的球鞋，仔细检查，研究我脚踝的伤势，察看是否骨折。剧烈的疼痛让我无法独立行走，失望感充斥着我的内心——我本来可以避免受伤的！当时，我正在回追，拜仁前锋马里奥·戈麦斯（Mario Gomez）正冲我这边跑来，尝试切断我的路线。我已经身背一张黄牌，而我的跑动势必会和戈麦斯有身体接触，甚至把他撞飞。毫无疑问，裁判会给我第二张黄牌，把我罚下，这意味着停赛。有趣的是，在那一个关键时刻，我本能地想起黄牌在身这一事实。请不要相信任何一个球员声称在踢球时，他忘记了背着一张黄牌。其实，他永远都知道。

让我生气的是，如果我选择铲球，就不会受伤。最后，我选择跳起来改

---

① 拜仁慕尼黑主场。

变奔跑方向。我左脚着地，戈麦斯意外地踩了上去，他的鞋钉挫伤了我的脚趾。当我右脚着地时，我的球鞋诡异地滑到脚踝下方，我受到影响，扭伤了脚踝。

我感觉非常痛，立刻明白事情不妙。我的脚踝伤得不轻。

罗伯扶着我走下球场。

"我需要休息多久？"

他说可能是韧带撕裂。

"这个周末我能上场吗？"

他的脸色一沉："可能需要四到六个星期来恢复。"

我不敢相信自己听到了什么，吃惊地说："你在开玩笑吧？"

我很难过，就是因为那种痴迷。休战一个月到六个星期，意味着我将错过主场对阵拜仁慕尼黑的欧冠比赛，错过和切尔西、布莱克本、曼城、热刺、桑德兰、斯托克城的英超比赛；意味着这个赛季报销了。

终场哨声响起。我不想在所有人的注视中，被担架抬着下场，因此，罗伯和我们的球衣管理员阿尔伯特·摩根（Albert Morgan）帮助我走下球场。我的胳膊搭在他们两个人的肩膀上。吉格斯还有其他同伴聚在一起，看着我们从扶梯下去，离开球场。这个时候，拜仁球员、欧足联官员、摄影师、欧冠工作人员都挤在球员通道里。我们还需要走过另一个扶梯，到更衣室去。这一段路走得很艰难。

我终于能坐下了，罗伯把我的脚浸入冰块中。我很愤怒，不想说话。我想到的全是那些即将错过的比赛和训练。

主教练进来问我感觉如何。

"我感觉我的脚废了。"我告诉他。

"韦恩，别担心，一切都会好起来的。"他说。

然而，我并不这么认为。罗伯和队医希望把我送去最近的医院进行腿部扫描，但我们又接到一个坏消息：我被抽中做赛后药检，不管我的伤势如何，必须参加。欧足联免去我参加药检的唯一可能是我伤得非常严重，比如说断腿或者全身发冷。

"瓦扎，你必须参加。"罗伯说。

冰敷了十分钟后，他轻柔地帮我穿上保护靴，然后递给我一根拐杖，带我去检测室。我想赶紧去医院进行扫描；所有人都希望我马上得到检查。不过，事与愿违，我只能和埃弗拉、两名拜仁球员以及欧足联工作人员，干坐在检查室里，等待着尿检。

药检总是很奇怪，在哪里都一样。因为和两名对方球员坐在一间屋子里，我感到不自在。有一些人我认识，但有一些我不认识。而今天，我和两位不认识的拜仁替补球员坐在一块儿，我们做完自我介绍，然后就陷入了沉默。我安静地坐着，心里想着还有多久才轮到我，感觉度秒如年。我已经踢了90分钟球，感觉自己已经虚脱，不过这并不是我最在意的事情。

*我的赛季可能会报销。*

在曼联，我们每一次都要接受药检，过程非常无趣。有时候，通过抽签决定谁接受检查。当然，我也记得上一次对阵曼城的前几天，英足总的检测员收集了所有英格兰球员的尿样，包括我、里奥、迈克尔·卡里克，我们都必须参加。

一旦我被选中，从我离开球场的那一刻起，检测员就会形影不离地跟着我，确保我不会做手脚。他们看着我脱衣服，看着我洗澡。他们就站在那里，监视着我，直到完成尿检。然后，他们要完成一大堆的文书，把我的尿样送去检测中心。问题是，他们从来不在表格上填写我的名字，以此防止检测中心里不喜欢我的人动手脚。三周之后，我收到信件，告诉我一切正常。

这一次在安联球场，我是最后一个离开检测室的，因为我花了一个小时才蹭到洗手间。

\* \* \* \* \*

足球运动员受伤带来的最坏影响之一是每个人都在讨论，我自己也特别想讨论。

*医生，请给我一点儿好消息。*

罗伯认为，这只是因为瘀血和积水造成的肿胀，因此没有必要当晚接受扫描检查。在这种情况下，即便扫描也无法看出是否骨折还是韧带撕裂。我只能等到第二天，在曼彻斯特进行检查。

比赛结束之后，球队人员已经返回宾馆，我只能和医生一起乘坐轿车回去。车从大概 50 个记者面前驶过，他们不约而同地对着拐杖和塑料支撑鞋拍照。第二天早晨在机场迎接我的又是大约 50 名记者。一辆汽车飞快地把我带到登机处，不过记者们还是把握住了时间，拍了很多照片。下午抵达曼彻斯特后，又是一群记者在医院蹲点，等待着我——每个人都急切地想要知道，我能不能及时赶上南非世界杯。接下来，一组摄影师在我家门口闲晃。

**这完全失去了控制！**

当天的《太阳报》(*The Sun*)在第二版刊登了一张照片：我坐在安联球场的草地上，握着受伤的脚踝。新闻标题是"祈祷"。

我可以理解为什么有些人如此揪心，此时联赛接近尾声，世界杯正朝人们走来。我也很焦虑，我对世界杯的渴望一点儿也不比球迷们对我参加世界杯的期待低。谢天谢地，我们的愿望实现了。当医生宣布，我的伤情是由几条血管爆裂造成的，我会在几周内康复的消息时，《太阳报》打出了另外一条新闻标题——"鲁尼仅为扭伤，他会飞到南非"。

\* \* \* \* \*

医生们把我这样的康复戏称为"戒瘾"。通常上瘾的人才会被送去"戒瘾"，那么我一定是踢球上瘾。和拜仁的比赛结束后，我知道我的脚踝必须休息一段时间。我不能参加训练，或者帮助同伴准备比赛。自然而然，我变得很暴躁，就像那些戒烟、戒咖啡的人一样。

一两天之后，我开始训练，但我仍然无法踢球。我和队友们一起在餐厅里吃早餐，然后开始训练。他们直接去球场训练，而我前往反方向的复健室和健身房；他们在进行分组对抗，我在接受脚踝检查，这样的生活真无聊。

我接受的康复训练有一点儿科幻色彩。医生把我的脚放进制冰机，然后用激光治疗受伤区域。这样的方法能够抽出瘀血和积水，加速康复。医生告诉我，血管在移动。他认为激光疗法能够加快血管运动，帮助复原。

我这个病人没有一点儿耐心。我变得急躁、沉默，越来越厌烦治疗，讨厌看见理疗师和俱乐部医生。我只想赶紧离开这个地方，和其他队员一起参加训练赛。罗伯承担着我的坏心情，我感到挺对不起他的。

"兄弟，别着急，我觉得你心里急不是坏事，比心里不急要好。"他说。

最坏的是，康复让我产生了一些乱七八糟的想法。我感觉自己被排除在俱乐部之外。我怀念更衣室里的开玩笑和打闹。就因为我不能上场比赛，我甚至都不能和队友们一起在和切尔西的比赛日前一天去球队酒店。我必须待在家里，第二天依旧过着开车去训练场的无聊生活。

当然，还有更糟糕的例子。我们的中场欧文·哈格里夫斯，双膝都接受了手术，18 个月没有踢过球。在受伤之前，他是英格兰队和曼联的重要球员。他错过了太多训练和比赛，我都不知道他是怎么熬过来的。对于我来说，几天已经是人间地狱；我想，如果我一年半不能踢球，大概早已经疯掉了。

像欧文那样的重伤员在俱乐部里变成了一片片孤零零的拼图碎片，这是一件很奇怪的事。他们暂时离开俱乐部，自行康复：欧文去了美国；安德森几个月前十字韧带受伤，从那之后，我很少见到他，而他主要在葡萄牙进行复健。伤员们不在球队的时候，主要由曼联的理疗师和他们联系，感觉他们在这段时间，变成了被遗忘的人。当他们回来之后，就像是再聚首。

我猜测，主教练把球员康复的事情交给医生，那是因为他已经有很多事情需要处理了。他只需要考虑他能选择上场的球员。队医们会告诉他，哪个伤员可以重新参与训练，随后主教练再从中决定，把谁放进大名单。主教练问我这周感觉怎么样，因为我还是有一线机会，及时复出，赶上和拜仁的第二回合比赛。不过，我们两个都很清楚，这周六主场对阵切尔西的比赛，我是一点儿希望都没有了。这是决定冠军归属的天王山之战，我们暂列积分榜第一，他们紧随其后。如果我们输掉了比赛，他们将把我们挤下去。无论谁赢得这场比赛，都将在冠军争夺中占据心理优势。

*我多么希望我能出场啊！*

到了比赛这一天，我却只能坐在包厢里观看比赛。在比赛开始之前，我的神经高度紧张。此时此刻，我就是一名球迷，像观看几年前对阵巴塞罗那的比赛一样，坐在场下甚至比跑在场上还要焦虑。比赛开始后，比起不能训练和比赛的难受，我感觉更差了，因为我们1：2输掉了这场不能输掉的比赛。我完全帮不上忙，只能在无助的漩涡里沉沦。我不能改变结果，也不能帮助同伴们赢下三分。比赛过后，我回到队友们身边，尝试着挤出一点儿笑容，但这太难了。切尔西现在占据了原本属于我们的位置，这场比赛，我们真的需要赢下来。

希望不久后，我就能上场比赛。

*我多么希望我能出场啊！*


\* \* \* \* \*


"好消息，"几天后，罗伯对我说，"下个星期，你可以赶上对拜仁的比赛。"

这个消息让我振奋，主教练也很高兴，不过他有其他计划。他希望我继续穿着保护靴。

"韦恩，特别是你离开训练场的时候，"他说，"我希望拜仁的球探以为你将错过这场比赛。"

这个计划不错。不过，穿着保护靴，我好像失去了知觉，很不舒服。穿上它，我显得很笨重，经常撞倒东西。

"这不会妨碍我进行日常性训练。"我笨拙地穿过前门，走进家里，把靴子脱下来，对科琳说道。但我还是决定执行教练的计划。第二天下午，我出门给凯买牛奶，科琳这天有事外出，因此一个朋友开车带我和凯去超市买了一些东西。我拄着一根拐杖走路，手里提着装了低脂牛奶和尿布的篮子，柜台后的家伙看见我的模样，非常惊讶。

$$* \quad * \quad * \quad * \quad *$$

训练前，我在紧闭的门后脱下保护靴，但我还不能跑着运球，也不能让脚踝承受太多压力。现在保持状态很重要，这样在踝伤痊愈后，我就能马上投入比赛。我没有立刻开始有球训练，在俱乐部健身房里面的小泳池里放着一台跑步机，我开始特殊训练。水对我产生支持力，装在池底的相机记录下我脚部着地的方式。不过，这种训练十分艰苦。

除此之外，我还进行有氧运动。比方说骑自行车，和理疗师开展严格的比赛：五千米、两千米、一千米、五百米或者两百米。我尽全力骑到最快速度，感觉心脏像燃烧一样。短距离反倒更让人觉得疲惫。骑行两百米，虽然只需要十秒，不过骑完之后，我觉得很难受。我和达伦·弗莱彻完成了一组自行车训练，然后我们太难受了，躺在更衣室里，有种想吐的感觉。这个时候照镜子，里面那个人脸苍白得像纸一样。

当我回到正常的轨道开始训练时，我松了一口气。时隔这么久再次踢球，复杂的情感涌上心头。那天早上，我听见闹钟响就立刻醒来。一想到就要开始训练，我就兴奋得不得了。但同时又有一点儿担心，我希望可以顺顺利利地完成训练，不出现任何状况。我不希望再次受伤，不过我也不会在冲刺或者拦截时畏畏缩缩。如果我退缩，更有可能受伤。我在场上的时候，从来不会让"我可能受伤"这样的想法出现。为了每一次机会，我愿意拼到受伤。如果我的受伤可以换来三分，我会毫不犹豫，我也会再次从伤病中站起来。

在我跨过白线走进球场之后，受伤不会改变我对于比赛的想法。但是，我永远无法想象发生在爱德华多（Eduardo）、阿隆·拉姆塞（Aaron Ramsey）或者我的前曼联队友阿兰·史密斯身上的惨剧。他们都遭受了非常严重的腿伤，我想这样的伤势肯定会给他们伤愈之后的第一场比赛带来一些心理阴影，自信心会受到打击。

我一直记得阿兰的腿伤，因为太触目惊心了。那是在和利物浦的比赛中发生的。他去封堵对方的射门，结果脚着地的时候发生了意外。队医跑进场，但没人真正认为这有多严重，看起来就像一次普通的受伤。我走过去从队医的包里拿了一瓶水，结果被眼前的景象惊呆了：阿兰的脚几乎处在和脚踝相反的方向，太可怕了！

如果发生了这样的惨剧，我在场上首先感觉到的是比赛气氛被这样的打击彻底改变，它动摇了球员的信心。那一天，我们输给了利物浦，比赛结束后，在更衣室里，没有人在想失利，大家心里想的全是阿兰，这可能会摧毁他的职业生涯。

去往训练场的路上，我扔掉拐杖，没有任何问题，虽然我的脚踝还是有些疼痛。到了比赛日，我根本没有去考虑疼痛，占据脑海的全部都是怎么帮助球队进入欧冠半决赛。我很自信，自己能进球。我极度渴望上场，哪怕我不在最好的状态。这很疯狂，在训练中，短跑没有问题，但是我不能转身或者急停，好像丢失了自己的刹车键。

我的名字最终出现在对阵拜仁的首发名单中，老特拉福德的观众们爆发出热烈的欢呼。我感觉连球场草地都在颤动。球迷们的支持给了我们巨大的鼓励，我们用进球回报他们。比赛前 41 分钟，我们已经打入三球，整个球场都在喊着我的名字：

"鲁尼！"

"鲁尼！"

"鲁鲁鲁鲁……尼尼尼尼！"

这种感觉太美妙了!

那个瞬间,我感觉我们可以进六七个球,就像前几年我们 7:1 战胜罗马那样。可是,接下来的剧情急转直下,拜仁取得了两粒进球。我的脚踝又开始刺痛,越来越剧烈。我踉踉跄跄地下场,在场外看着对手抢下两粒金子般的客场进球。我们的欧冠,结束了!

我很失望,每个人都很沮丧。我们走回更衣室,没有人说话,主教练也什么都没说。所有人都陷入了相同的思绪:今天的胜利本可以让我们闯进下一轮,我们却没能做到,我们不应该输掉首回合比赛。

几个星期之后,我坐在家里观看拜仁对阵里昂的半决赛,这种挫败感更加强烈。

*应该是我们来踢这场半决赛的。*

另外一场半决赛,国际米兰击败巴塞罗那。

*应该是我们来踢这场半决赛的。*

"踢球之于我,就像喝酒之于其他人。"

现在,我只能等到下个赛季,卷土重来。


\* \* \* \* \*


### 英超最终积分榜(2009—2010 赛季)

|  | 场次 | 净胜球 | 积分 |
|---|---|---|---|
| 1. 切尔西 | 38 | 71 | 86 |
| 2. 曼联 | 38 | 58 | 85 |
| 3. 阿森纳 | 38 | 42 | 75 |

*一分之差,一分之差呀!*

最后,切尔西还是把我们甩在了后面,即便那只是一分,却让我们难以逾越。他们在老特拉福德的胜利让他们摸到奖杯。一分足以让他们抢走属于我们的冠军。公平地讲，这个赛季，两支球队都不在最佳状态；尽管都可以做得更好，却也都曾让优势从手中溜走，奈何笑到最后的是他们。我想，不管我们打入了多少球，这个赛季唯一的安慰是我们赢得联赛杯。

奖杯旁落让我感觉很失望。

第十九章　争议

接下来，我让自己失望了。

2010 年，世界杯之夏，留给我的是灾难一样的回忆。英格兰队未能取得好成绩的同时，我的表现也十分糟糕。小组赛对阵阿尔及利亚队，球迷们用嘘声表达不满，我对球迷们的反应感到不悦。在淘汰赛阶段，英格兰队前进的愿望被德国队用 1：4 的比分击碎——对于每一位英格兰队球员来说，没有比这更难过的结局了。我的踝伤给 2010 赛季画上了句点，由此带来的伤心情绪在新赛季初期如影随形。

毫不意外，我的状态急转直下。足球场上的我找不到自信，不断重复着低级错误，我甚至很少射门。那段时间我唯一的进球是在八月份 3：0 战胜西汉姆联队的比赛中，罚进点球。接下来，我的状态继续向低谷下滑，难以控制，以至于九月份对阵埃弗顿的比赛，教练没有给我上场机会；之后因为伤势，我被边缘化。对于自己，对于比赛，对于伤病，以及身边的一切事物，我感到很沮丧。我知道自己陷入了死循环，可就是无法走出迷局。就在这个时候，我犯下了职业生涯中的最大错误。十月份，我发表声明，公开表示自己在老特拉福德并不快乐。

*我问自己：在其他地方，我会过得更好吗？*

这份声明让所有人吃惊不已。曼联内部在讨论，局外人也在发表意见，但事实上，没有人知道我的生活到底怎么了。任何人都不了解我所处的位置，根本不知道我在想什么。只有我自己知道为什么事情发展到这个地步，即便如此，我也不知道自己真正想要什么。

然后，主教练弗格森开口了：

"你看见田里的牛，觉得它比自家的好，但这是事实吗？事实和想象往往背道而驰。"

他说，草无常青，他是对的。当然，他不是把曼联比作牛，但这个道理是对的。我错了，我喜欢自己已然拥有的。曼联对我的期望和我一样：冠军，胜利，极致。六年了，幸运如我，赢下了联赛冠军和欧冠奖杯。我每天和这个世界上最优秀的球员一起训练，一起踢球。而且，弗格森爵士是现代足球历史上最成功的俱乐部主教练。想到这儿，我对自己此前的彷徨和行为感到内疚。

*韦恩，你多么愚蠢啊！你做了些什么呀！*

我必须澄清误会：

*我爱这家俱乐部，爱球迷们，也爱那个带领我登上职业巅峰的主教练。我不会去其他地方。曼联和我一样，想成为世界最佳。离开是错误的想法，没有比曼联更好的地方。这是最大的俱乐部，拥有悠久的历史。我身边都是最好的队友，我们是胜利者，站在金字塔的顶端。*

### 英超积分榜（2010 年 10 月 30 日）

|  | 场次 | 净胜球 | 积分 |
|---|---|---|---|
| 1. 切尔西 | 10 | 24 | 25 |
| 2. 阿森纳 | 10 | 12 | 20 |
| 3. 曼联 | 10 | 10 | 20 |

这个时候，我做了一个明智的决定：

*我要留下来。*

我和俱乐部续约五年，但空气中仍然飘散着负面信息。一些球迷对我的第一份声明感到愤怒。11 月 20 日对阵维冈竞技，我终于以替补身份登场比赛，很多球迷为我的复出欢呼，但也有一些人发出了嘘声，甚至公开打出反对标语。平心而论，我理解他们的感受。但是，每个人都会犯错，只不过我的错误公开了而已，所以我尽量用平常心对待。

*韦恩，埋头苦干吧，专心致志踢好比赛。*

但是，想要做到这一点并不容易。在冷板凳上坐了几个星期，缺乏比赛机会，身体不在最佳状态，导致我的回归并不顺利。比赛进入读秒阶段，我抬脚就是射门，即便我知道，这一球和我的状态一样，离目标还很远。

*我踢疵了。当终场哨响起的时候，我真希望我没有错过任何一场比赛。但我必须坚持下去，我要向球迷们证明，我还是他们心目中的鲁尼。这是我最糟糕的赛季，但我绝不会放弃。*

* * * * *

接下来的比赛是欧冠小组赛对阵格拉斯哥流浪者，我打入一粒点球，但是联赛进球仍迟迟未来。球迷们都急得直挠头，想要弄明白我到底出了什么问题。一些球迷甚至在猜测，这是不是一个时代的终结，因为当我表现不好的时候，打不开进球账户，球迷们在电视上的赛后统计看不见我的名字。当然，我错过了一些绝佳机会，不过更多时候，对方守门员用世界级的扑救把我的射门挡在门线之外。从前，只要一两脚射门就能洞穿对方的球网。可是现在，我的射门总被挡出来，在门线前被拦下来。即便我离进球只差捅破一层窗户纸，负面的评价仍然如潮水般涌来。

酒吧里、广播里，人们都在谈论我曾经是怎样所向披靡，现在如何走下坡路。所谓的专家、名宿都在写乱七八糟的专栏，评价我现在多么糟糕，预测我的未来如何黯淡。他们说得好像我的巅峰已经结束了一样。他们忘记了，仅仅几个月前，我当选为英格兰职业球员联盟年度最佳球员（PFA Player of the Year）以及英国足球记者协会最佳球员（The Football Writers' Association Footballer of the Year）。而现在，我竟然被形容成一个无用之人。足球世界里，人们的遗忘速度如此之快。

"他已经过了巅峰期！"

"他迷失在彷徨中。"

"他不再享受足球。"

"他的职业生涯来到末期。"

我尽最大努力不去在乎这些评论。那几个星期里，每一天我都在想同样的事情：

韦恩，你会走出低谷的。还有好多比赛、好多进球在前面等着你，你只不过碰上了所有球员或早或晚都会遇上的坏运气而已。你不需要向所有人证明自己，你只需要向支持你的球迷证明自己就好。你只需要向支持你的人证明，你仍旧心系着老特拉福德，你仍旧愿意为球迷们而战。

接下来的几个月，弥补你给球迷带来的难过。

用表现来换取他们的原谅。

告诉他们，你和他们期待着同样的荣耀。

＊＊＊＊＊

在和阿森纳的比赛中，我踢丢了一粒点球；那时，我们仍然以 1∶0 领先。

说服他们原谅你。

三个星期过后，2011 年元旦，曼联 2∶1 战胜西布朗，我贡献了一粒进球，这是自 2010 年 3 月以来，我的第一粒运动战进球。这是新年第一天，对于我来说，这仿佛才是新赛季的开始。

*说服他们原谅你。*

一个月之后，我在 3：1 战胜阿斯顿维拉的比赛中梅开二度。

*说服他们原谅你。*

几个星期之后，2011 年 2 月 12 日，我打入了职业生涯最佳进球：一粒倒钩进球，2：1 击败曼城，让老特拉福德沉浸在巨大的喜悦中。

*证明你想和他们一样。*

我也开心得不得了。

那粒进球是一种解脱。曼城在积分榜上紧紧咬着我们，现在他们是英超冠军的有力竞争者。曼城队中有好几位优秀球员，如亚亚·图雷（Yaya Touré）、大卫·席尔瓦（David Silva）、埃丁·哲科（Edin Dzeko），还有詹姆斯·米尔纳（Jamas Milner）。很多球迷也意识到了这一点。打进一粒那样完美的制胜球，就像是一把锤子，粉碎了他们争冠的梦想。从那一刻开始，夺冠的信念一直伴随在我们左右。

＊ ＊ ＊ ＊ ＊

### 英超积分榜（2011 年 2 月 13 日）

|  | 场次 | 净胜球 | 积分 |
|---|---|---|---|
| 1. 曼联 | 26 | 32 | 57 |
| 2. 阿森纳 | 26 | 29 | 53 |
| 3. 曼城 | 26 | 19 | 49 |

我很幸运，我通过努力和技巧收获了胜利。几个月的时间，球迷们终于看见我的成绩，我在球场上燃烧着自己。他们知道，我一直尽全力面对每一场比赛；他们知道，我从来没有放弃。如果没有这样的态度，我不可能在这么短的

时间内回报球迷。

我从小就是一个忠实的足球迷，对努力的球员，我永远欣赏有加。小时候，我目睹像邓肯·弗格森这样的球员，为埃弗顿注入了新鲜活力。即便其他队员踢得并不好，我也不会责怪邓肯：*最起码他尽力了*。我希望，曼联球迷也会对我有相同的认可。

我承认，我们有过在最后几分钟，以 0∶3 惨败的时候。那个时候我会想，*裁判赶紧吹终场哨吧，让我们赶紧逃离这个球场，赶紧回家，这样我们就能从头开始了*。即便是在那样的时刻，我也从来没有放弃过比赛。因为我们仍然有可能获得进球，而一个进球可能会决定英超冠军最终的归属（因为净胜球决定成败）。如果我没有尽全力，我会责怪自己。

* * * * *

正当我以为自己已经走出低谷时，我再一次迷失了自我。

2011 年 4 月 2 日，厄普顿公园球场（Upton Park），对阵西汉姆。这场比赛我们压力很大，当然每一场英超比赛都有很大压力，不过这一场比赛，我们正落后两球——马克·诺布尔（Mark Noble）命中两记点球。我感到曼联在积分榜上的优势正一点点消失；虽然阿森纳只落后我们几分，但这一轮比赛他们已经稳操胜券。这场比赛，*我们不能输*。接下来，我打入两粒进球，把双方拉回到同一起跑线上：第一粒进球来自 25 码开外的任意球，拉开弧线，直奔球网；第二粒进球干脆利落，绕过两名防守球员，打破罗布·格林（Rob Green）的十指关。

不久，我们得到一粒点球，我走出来，准备主罚。压力之大，难以想象，好像有一座大山压在我身上，肩膀上有千斤重，把我推向草地和泥土。但我很坚定。

*我一定会罚进这粒点球。*

助跑，射门，皮球从格林身边飞过，那一瞬间，世界好像突然失去了声音。

*我不知道发生了什么。*

当我反应过来时，我已经站在边线庆祝了。

*我依然不知道发生了什么。*

我听见西汉姆的球迷们在疯狂呐喊。

*到底发生了什么呢？*

我想逃离，我感觉到有人朝我奔来，跳到我身上，拉扯我。我听见一个声音，那是我自己的声音，我在呼喊、尖叫，把所有的压力都释放出来了，一身轻松。

我们以 4∶2 的比分终结了比赛悬念。赛后，我们在更衣室里庆祝，角落里的电视机正在重放进球。直到这个时候，我看到了自己的脸，我才明白发生了什么：我正在对着摄像机大声谩骂。

*哦，不。*

那是第三粒进球，罚进点球的几秒钟之后，我对着摄影师和摄像机骂出了脏话。通过直播，全国甚至全世界都知道我说了什么。我当时的表情狰狞阴沉，正在无比愤怒地大声咒骂。

更衣室里我坐在自己的位置上，厌恶之情涌上心头。我知道，我又让自己失望了。

*现在该怎么办呢？*

*难道告诉大家，我根本没有意识到自己当时说了什么吗？*

*这听起来就是一个借口。虽然是事实，但我能说什么呢？*

*一五一十地跟大家说事情的经过：打进那粒点球让我卸掉了肩上的包袱，所以那一刻情绪主宰了自己。即使如此，我也不应该做出那样的举动啊！*

*说实话，我并不是说要有意去避开摄像机，而是那个瞬间正好被摄像机捕捉到了。真的有那么严重吗？*

我再次看向电视重播，我看到了那张愤怒的脸。

*好吧，真的很严重！韦恩，承认自己做错了，向大家道歉。*

我找到俱乐部的一位新闻官。

"我觉得，我需要发表一个声明，"我说，"我想对所有介意这件事的人说声抱歉。"

我主动承认错误，很明显这还不够。我被禁赛两场，所有人都震惊了。教练很沮丧，但他知道这更多的是一个误会，我不是故意的。最难过的是有家长说，我给观看直播的孩子们树立了一个坏榜样。

我的真实想法是这样的：

我也是一位父亲，完全理解他们的观点。但是，每个星期都有球员做出类似的举动。在那些时候，情感大于理智，因为足球本身就是一项激烈的运动。我见过家长们站在场外，看自己的孩子踢球，那些家长们也骂着脏话。在这个国家，这是普遍的现象。当然，区别在于，他们身边没有摄像机，他们的言行没有被直播到世界各地。我在这件事情上，吃一堑长一智。

我没有控制自己的情绪，犯下了错误，我很后悔，感到非常抱歉。

如果我可以让时间倒流，我不会那么做，这件事不会发生。停赛意味着我只能成为足总杯对阵曼城这场重头戏的旁观者，最后，曼联以 0：1 告负。本来状态得到恢复，我也赢回了球迷的信任，现在只好从头再来。

*用表现来换取他们的原谅。*

＊＊＊＊＊

或遗憾或负面的新闻再次袭来，我必须保持冷静。曼联在英超争夺战中，仍然保持优势，反观曼城已经掉队。倒数第二轮，我们在和布莱克本交手时，如果拿到积分，冠军将会被我们收入囊中。

英超积分榜（2011年5月11日）

| | 场次 | 净胜球 | 积分 |
|---|---|---|---|
| 1. 曼联 | 36 | 39 | 76 |
| 2. 切尔西 | 36 | 37 | 70 |
| 3. 阿森纳 | 36 | 30 | 67 |

和对阵西汉姆时一样，与布莱克本的比赛同样艰难，我们表现得很紧张。布莱克本在第 20 分钟首开纪录并一直保持领先。随着时间的流逝，这个赛季也即将落下帷幕。下一轮，主场对阵布莱克浦是联赛收官战，布莱克浦迫切地想要从我们身上取得积分以顺利保级。

就在比赛进入 75 分钟的时候，我们的墨西哥前锋哈维尔·埃尔南德斯（Javier Hernandez）在对方禁区被放倒，全场球迷立刻被点燃。自从去年夏天加盟俱乐部以来，哈维尔就一直是我们的奇兵。他不知疲倦地奔跑，防守球员在禁区里很难防住他的移动。这一次，布莱克本的守门员保罗·罗宾逊（Paul Robinson）只能拉住他，企图阻止他的进攻。

裁判鸣哨暂停了比赛，不过没有人知道接下来会发生什么，我们不确定裁判会判罚点球还是门球。双方球员都围住他，同他理论。布莱克本的球员们认为，哈维尔在被放倒之前，已经失去了对球的控制，因此不算点球。我不知道裁判会怎么看，而我并没有参与理论。

*如果他判给我们点球，我不想太过激动。我需要平静、镇定。我要保持头脑清醒。*

我独自一人站在点球点，等待着最终判决。

好像他花了一辈子来做这个决定。这时，又有一声哨子响起。对方球员仍然在申诉，而我的队友们则在欢呼，只见裁判指向了点球点。

点球。

*到我上场。*

*把球放在草地上。*

现在，我正在踩实草地。这一球聚集了太多的意义和期待，比对阵西汉姆那场比赛的点球还要让我紧张。事实上，我都想不出来比此时更紧张的时刻了。*如果我罚进了，离比赛还有 17 分钟，离冠军也只有 17 分钟。*

*韦恩，就像平常一样就好，和平常一样。*

我看着皮球。

*忘记阿森纳。*

我又直直地看向守门员。

*想想格拉斯高流浪者，想想西汉姆。*

我再望向裁判。

一听到哨音，助跑，低头看球，做出最舒展的动作。

我控制着自己紧张的神经，将球踢进球门。这一次，在我庆祝的时候，脑袋里仍旧一片空白，但我控制住了情绪。我知道，一场平局能让我们锁定冠军；我也知道，布莱克本需要一分来保级。时间一分一秒地过去，每个人都很开心，我们把握住了机会，没让冠军旁落。我们也不需要再去冒险，再去分分必争了。这个赛季完美落幕！

*荣耀属于曼联！*

终场哨响起，球员们回到更衣室，开始庆祝。一个助理教练用手机给我展示了一段视频，一个球迷在 YouTube 上传的一段录像。这是随队出征的曼联球迷在客队球迷区拍下来的画面，那时我正走向点球点，准备主罚。曼联的球迷们纷纷转过身去，没人看场上局势。有些人蹲下来，用手抱着头。仿佛整个赛季在眼前回放了一遍，到了这个关键时刻，他们害怕胜利的曙光消失。

有人凑过来一起看视频，喊了一句："他们看起来吓坏了！"

*兄弟，那是你大概不知道我当时有多紧张。*

曼联实现了划时代的成就——*19 次英格兰超级联赛冠军！*

这个数字刷新了英格兰足球纪录，比利物浦的联赛冠军多一个。作为一个埃弗顿和曼联球迷，这个成就让我难以置信，更让我觉得无比满足。这些奖杯告诉人们，曼联是一家成功的俱乐部，我们是一支渴望荣誉的球队；这些奖杯还告诉人们，弗格森爵士有多么伟大！

那天晚上，我好好地思索了一下，怎样来纪念这个历史性的一刻。我做出了这样的决定：我找来一把剪刀和一个剃刀，开始修理胸毛，摆弄出一个对曼联球迷和利物浦球迷都有纪念意义的造型。然后，我给自己照了张相，发布在社交网络推特上面。其实，这个造型很简单：

*只有一个数字"19"！*

*怎么样，不错吧！*

**欧洲冠军联赛决赛（2011年）**

| 曼彻斯特联队 1 | 巴塞罗那 3 |
|---|---|
| 鲁尼 | 佩德罗、梅西、比利亚 |

欧洲冠军联赛，在通往温布利大球场的路上，我们一路杀出小组赛，把马赛、切尔西、沙尔克（Schalke）斩落马下。但是，最终在决赛里被史上最好的球队之一击败，和上一次的情节一样：传球，跑动，传球。当尘埃落定时，一个朋友问我："如果对手不是巴塞罗那，你可能会给自己多添加两座欧冠奖杯吗？"

这个问题太刁钻了。

我会怎么回答呢？

"也许吧！但你知道这样的结局都是有原因的。两次在决赛遇到他们，他们都是更厉害的一方。不过这也仅仅意味着，下次如果再碰面，我们要更努力。当然，看梅西踢球很刺激。我看着他用足球来变魔法，不禁要问：他是怎么做到的呢？他是一位伟大的足球魔术师！"

接下来，那个朋友问我与马拉多纳、贝利、贝斯特相比，我会怎么评价梅西呢？

"我认为，足球运动员退役之后会得到更多的赞美，比他们在踢球时还要多。但是对于梅西，我们正处在他的时代，我们都意识到他的足球是特殊的，只有他能做到这一点。"

"瓦扎，你会不会因为自己的对手是他，更容易接受欧冠失利呢？"

"不，我讨厌输给他，就和我讨厌输给其他任何人一样。*我痛恨失败。*"确实如此，在温布利大球场的决赛，我们的开局不错，却还是让他们先进球了。那个时候我在想：*哦，没关系，我们加油。*在上半场即将结束时，我以一脚远射扳平了比分，但是一个进球仍然不够。下半场，他们全力进攻，我们难以抵挡。虽然不愿意承认这个事实，但他们可能是我们遇到过的最强大的对手。

后来，我们再也没有讨论过这场决赛。

即便拿下了里程碑式的英超冠军，在 2010—2011 赛季结束的时候，我内心真实的想法是：*我很开心，这个赛季终于结束了。*

第二十章　家庭

有时候，足球俱乐部最大的变化发生在夏天，而且是不踢球的时候。新人来，旧人走；教练来，教练走。没有人踢球，但是球队在变好或者变差。我可以离开老特拉福德去度假，当我回来的时候，俱乐部可能变了一个样子。

　　不过，发生在曼联的变化，从来都不会太剧烈。不管谁离开了俱乐部，俱乐部的传统依然保持不变。新来的球员迅速融入球队。主教练思考决定，谁进入首发名单。这是*日常*事务。我们习惯了一些球员被放在替补席，让新面孔加入首发。对于任何人离开俱乐部，我都学会了不要感到惊奇。当然，除了主教练之外。我无法想象他离开曼联，出现在其他地方。我 1985 年出生，弗格森在第二年接管曼联。我从来都不知道，没有弗格森的曼联是什么样子。

　　有些变化真正发生的时候，相比较其他变化，显得更难以适应。比如，保罗·斯科尔斯和加里·内维尔的退役。加里在 2011 年 2 月退役，斯科尔斯则是在 2010—2011 赛季结束后。自打我记事起，这两位传奇球员就在曼联效力。当我还是孩子的时候，我为他们代表英格兰出战 1998 年世界杯而欢呼；我也梦想着有一天，身穿埃弗顿球衣，与他们面对面较量。我记得 1995 年在温布利大球场，曼联对阵埃弗顿的足总杯决赛，他们代表红魔出场。

我早就明白，他们不可能永远在场上奔跑，特别是加里。在2010—2011赛季，有几场比赛，加里表现得不好，达不到他自己的高要求。他觉得和西布朗的比赛是一个噩梦，还有对阵斯托克城时，他踢得也不好。他犯下了一些愚蠢的错误，从他的反应就知道他有多失望。加里是一个骄傲的人，他不会让自己，更不会让球队失望。在那些痛苦的比赛结束后，他一定感觉到，他的球员时代已经悄然来到尾声，他达不到继续在一线队踢球的水平了。因此，他决定离开爵爷的大名单，宣布退役。从一定程度上来讲，加里的退役让他身边的人轻松不少。

　　不过，斯科尔斯的情况不太一样，他的退役出乎意料，我没有想到这一天会这么快到来。任何比赛，任何一块场地，他都是现象级球员。当我们感到巨大压力、传球失误时，或者因为焦虑绝望而踢不好长传球时，他能让我们的中场从容起来，让我们重新控制住皮球，让我们成为主宰比赛的球队，创造出机会。

　　斯科尔斯表现不好的比赛屈指可数，大部分时候，他发挥着非常重要的作用。有他在身边，我们的阵型看起来更完整平衡，我一直认为斯科尔斯就是那种全能的中场大将——他能传球，射门，控制比赛节奏；他具备这样的能力。他宣布退役之后，主教练告诉我们，斯科尔斯会留在曼联担任教练工作。斯科尔斯不能继续在比赛中发光发热是我们的损失，但他是一个绝佳的榜样，值得年轻球员们学习。

　　有意思的是，我能感觉到加里离开了更衣室，但是斯科尔斯或者埃德温·范德萨的挂靴，好像没有给更衣室的气氛带来太大的影响。加兹是一个活跃的人，任何人都能在更衣室里或者更衣室周围感受到他的存在——他大笑，说笑话，甚至唱歌。保罗则恰恰相反，他很安静，专注于自己的工作。周一到周五，他到基地参加训练；每天最后一场训练赛的哨音刚落，他就已经坐进车里，准备回家；我们还没从训练中喘过气来，他已经洗完澡换好衣服了。

　　斯科尔斯的退役还给我带来了一点儿好处——说实话，现在的训练，我可以松一口气了。在训练中，斯科尔斯就像一只大隼，只要我拿球，他就会过来抢断，其他队友也得到了相同的待遇。我们在卡灵顿训练基地进行五人对抗赛，他是最具威胁的那个人。他把这种拼搏精神也带进了英超的正式比赛中，特别是我们急需控制中场，或者是对手获得机会的时候。他会冲过去抢球，对胜利的渴望深入他的血液里，这就是他的天性。

我估计，从季前训练开始，不止我一个人感觉训练变"轻松"了。第一节训练课刚开始，队员们集中在一起拿训练服，我注意到埃弗拉不再戴着护腿板参加训练赛了。

当然，还有人在继续坚持，每天按时出现在训练场，这个人就是吉格斯。对他而言，2010—2011赛季是一个梦幻赛季，他仍然保持着非常高的水准。他游走在对方防守球员之间，从困境中创造机会；他甚至还能串联起一侧的进攻，就像22岁时那样。在更衣室里，有人和他开玩笑，说他就是永远不会老的彼得·潘。直到现在，他仍然有能力在顶级赛事中出场，因为他为了保持身体机能，付出了巨大的努力——他从来不会放松对自己的要求，通过拉伸和瑜伽等活动来延长职业生涯。即便是训练，所有人都能看见吉格斯对踢球的渴望，这对我们也是一种激励。

在效力曼联的时光里，我从斯科尔斯、加里·内维尔和吉格斯三人身上获益匪浅，这种影响可以说是潜移默化的。我观察着他们在训练中会做些什么，他们的移动、健身秘诀、热身运动；他们如何对待比赛，他们在比赛中的沉着冷静，这些好习惯正逐渐影响着我。我向他们学习的过程，就好像我的儿子凯在我和科琳对他的宠爱中，或者是我们在院子里玩耍的时候，学到的那些奇特习惯——我们做一样的鬼脸，我们笑起来的样子一模一样。这种正面影响自然而然地发生了，所以我能理解为什么主教练依然希望像斯科尔斯这样的退役球员继续留队。他们对这个团队很重要，特别是对年轻球员们——俱乐部的未来。足球运动员如何在当今足球世界生存，这些老队员就是教科书。

从某些方面来说，我觉得足球队就像一个大家庭。

＊＊＊＊＊

我又回到季前训练，这次还发生了一些新变化：淋浴、换衣服，看着镜子里的自己，这么多年，我第一次有一头秀发。我去做了植发，从后脑勺取了一些头发，通过手术植入到脑袋其他地方。除了杂志上的一些报道和队友们的调侃，我现在看上去还不错。

有些人不太在意他们的发际线，他们坦然地接受脱发这件事情。可我必须承认，早上醒来我盯着镜子，对着里面那个人自言自语：*见鬼了，你就要秃顶了！你还很年轻，你可不想失去所有的头发，至少不是在20多岁的时候。*

实际上，脱发并没有让我感到沮丧，而是让我压力倍增。任何脱发的朋友都能明白我的感受，这并不有趣。我考虑过该怎样阻止秃顶，看着镜子，我想：*为什么不去做植发呢？* 在做了很多搜索、了解之后，我在伦敦哈利街植发中心预约了治疗。

我不是一个软弱的人。在2010—2011赛季结束之前，我打算在更衣室，把植发的计划告诉所有队友。我知道，如果我顶着稀疏的头发开始假期，回来的时候像安迪·卡罗尔（Andy Carroll）那样拥有一头长发，公众的嘲笑会淹没我的。假如植发失败了，情况会更糟糕，这就是足球运动员的生活。在曼联踢球，没有什么隐私可言，我的生活被无限放大，所有事情都可能会被当成靶子。

一双新球靴？*新闻铺天盖地而来。*

一张难看的照片？*新闻铺天盖地而来。*

电视上的新广告？*新闻铺天盖地而来。*

植发？*新闻还是铺天盖地而来。*

在对阵布莱克浦的比赛之后，我脱下球鞋放在一边，收拾好盥洗袋，然后公开了植发计划。

"大家听我说，夏季休赛的时候，我打算去做植发。"

我扫视着所有人，像是在中场阻截传球一样。我要告诉他们，我不在乎他们怎么想，我已准备好直面任何负面评价。

不过，我的队友们依旧爆发出笑声。

"噢，瓦扎，"有人大叫，"你打算长一条马尾巴出来吗？"

\* \* \* \* \*

2011—2012赛季从两次打击中开始，一次是曼联对阿森纳的打击，另一次是曼联遭受的打击。对阿森纳的打击发生在先，我们在主场以8：2的比分羞辱了对手，这场比赛也震撼了所有人。面对像阿森纳这样强大的对手，特别是想到过去10年、15年当中，阿森纳的辉煌战绩，能进4个球已经是一项了不起的成就。进8个球？简直是天方夜谭！

比赛开始前，老特拉福德和往常比赛日一样热闹，并没有什么反常。主教练没有施魔法，也没有采取什么特别战术来撕破对手防线。比赛基本上很有条理地开始了。这个赛季，我们的开局踢得很好，阿森纳则表现得不如预期。我们这边自信心高涨，踢出了很好的攻势足球。反观对手，则处在近年来的低谷，特别是他们在热身时，竟然有球员受伤而无法比赛；另外，他们还有一两位球员停赛。

我坐在更衣室里，感觉和往常一样，全队都准备好了，跃跃欲试。不过，接下来发生的事情完全出乎意料，一场诡异的比赛，仿佛每次我们推进到阿森纳的半场，都获得了进球。

21分钟：进球！丹尼·维尔贝克在球门6码开外将皮球打入。

*我们领先，并且势头更盛……*

27分钟：进球！我们的新引援阿什利·扬（Ashley Young）在禁区外围开炮，皮球直挂球门右上角！

*两球领先了，我们需要继续战斗，保持优势！*

40分钟：进球！我在禁区边缘接球，并且将球送入球门左上角。

*比赛失去了悬念，在下半场开始之前，我们就知道了结局，毫无疑问。*

45分钟：阿森纳进球，西奥·沃尔科特。

*好吧，我们不能让对手翻盘，现在比赛还在我们的控制中。*

63分钟：进球！我梅开二度，这一次我在禁区边缘起脚射门，皮球从球门左下角入网。

*随队出征的客场球迷鸦雀无声，阿森纳的球员们也垂头丧气。阿森纳的球员们不管是拦截还是传递都毫无斗志，和比赛头20分钟判若两队。*

66分钟：进球！这次是纳尼。我传出一记穿越球，找到禁区内的纳尼，他把球踢入对方大门。

*禁区里全是阿森纳球员。*

69分钟：进球！朴智星。

*阿森纳已经像无头苍蝇一样了。*

73分钟：范佩西为阿森纳扳回一球。

81分钟：进球！我打入点球，完成帽子戏法。

*阿森纳已经放弃了比赛，他们根本无法反抗这个结果了。*

90分钟：进球！阿什利·扬在禁区边踢入一记弯刀球，直奔球门右上角。

*终场哨音响起。阿森纳的球员们看上去如释重负，这场比赛终于结束了。*

这是一个疯狂的比分，在英超比赛里也不多见。这个结果太令人惊讶，以至于我甚至感到一点点内疚，因为失败的一方必定感觉到恐惧、震惊、丢脸。我明白这种难堪的感受，因为我们在2005年1∶4惨败给了米德尔斯堡。我记得，当时自己恨不得裁判赶紧吹哨结束比赛，恨不得飞快地逃离球场。我再也不想经历一次那样的窘迫。

但是，我们终究还是在另一场耻辱的比赛中接受了洗礼。

曼城打败了我们，比分为6∶1，这比2005年那场惨败更让人感到耻辱，因为这一次发生在老特拉福德，发生在7万红魔球迷面前。更何况，这场屠杀本来是可以避免的。

比赛伊始，我们表现得不错，可惜马里奥·巴洛特利（Mario Balotelli）

在上半场为曼城率先破门。此后，强尼·埃文斯在下半场刚开始被罚下场，这次意外成为比赛的转折点。我知道，我们面临着极大的考验，即便我们仍以11人应战，从曼城脚下抢回球权也不是一件容易的事，他们控球能力非常好。

*这项任务变得更加艰难。*

他们又打入两粒进球，这不让人吃惊。当距离比赛结束还有十分钟时，弗莱彻为我们扳回一球，那个时候我还坚信，说不定我们有一线生机。如果我们能坚守住自己的阵地，比赛结果还很难说。也许下一秒运气就可能站在我们这边，我们要继续给他们制造威胁。

结果，他们在补时阶段连进三球，粉碎了我们的希望。

*我们惨败！*

大家都知道，这个赛季，曼城晋升为英超冠军的有力竞争者。过去几个赛季，曼城都在冠军争夺战中失败了，不过我看得出来，他们现在具备了笑到最后的实力。他们的新援给球队注入活力：阿根廷射手塞尔吉奥·阿奎罗（Sergio Aguero）实力超群；亚亚·图雷是蓝月亮的中场野兽；乔·哈特可能是现今世界上最好的门将之一。毫无疑问，曼城比以前更强大了。

我们很难接受这个比分。比赛结束，我们坐在更衣室里，低垂着头，没有人想去洗澡。更衣室里一片沉默，连咳嗽都显得突兀。有人把一个水瓶踢倒了，瓶子在地上滚动着。队里的年轻人，比如丹尼·维尔贝克、菲尔·琼斯（Phil Jones）——这个夏天从布莱克本转会而来的强壮球员，还有克里斯·斯莫林（Chris Smalling），仍然处于震惊之中，缓不过来。老队员们同样心情低落。这样一场比赛，很可能摧毁年轻球员的自信心，如果他们从未经历过这种失败的话。不过，老队员们必须扭转这样的情况。

*我们必须忘记这次失败。*

"听着，这样的事情不常见，但还是发生了，"我说，不仅仅是对大家说，同时也在劝慰自己，"我们必须坚持下去。不过是丢掉了三分而已，让我们打起精神来赢得之后的比赛。这场6∶1是罕见的比赛，如同跟阿森纳的比赛一样，已经过去了。"

我知道我的话不能疏解大家的郁闷，但还是比什么都不说好一点儿。

* * * * *

8：2战胜阿森纳之后，我在离开老特拉福德球场时听说了这么一件事：主教练在接受电视台采访时表示，他在比赛中甚至希望比分不要再被改写，因为他不忍心继续羞辱阿尔塞纳·温格（Arsene Wenger）的球队。听到这里，我笑着走向了球队大巴。在平时训练中，在赛前动员会议中，在比赛开球前，在中场休息时甚至完场之后，主教练告诉我们的是："伙计们，能进多少球就进多少。勇往直前，努力击垮对方，争取更多的进球。"

我知道主教练向媒体传达的意思，但作为球员，我们的工作是取得进球和赢得比赛。毕竟，净胜球有时候可能影响到联赛冠军归属，这种事情很难说。

* * * * *

我等不及想再和曼城踢一回比赛！

我渴望打败他们。

我要证明，在老特拉福德的惨败并不代表什么，我们仍然是英超霸主。

12月，我听到消息，足总杯第三轮，我们将在客场与曼城一决胜负。

我已经开始期待那一天的到来了。

* * * * *

联赛中，我们回到了正轨。

| | |
|---|---|
| 埃弗顿 0 | 曼联 1 |
| 曼联 1 | 桑德兰 0 |
| 斯旺西 0 | 曼联 1 |
| 纽卡斯尔 1 | 曼联 1 |
| 阿斯顿维拉 0 | 曼联 1 |
| 曼联 4 | 狼队 1 |
| 女王公园巡游者 0 | 曼联 2 |
| 富勒姆 0 | 曼联 5 |
| 曼联 5 | 维冈竞技 0 |

我们配合得愈发默契，球队团结一致奋勇前进。在积分榜上，我们牢牢占据第二的位置，紧随曼城其后。俱乐部每个人都在努力训练，甚至保罗·斯科尔斯也投入到预备队的完整训练，而不是站在场边做指导。*他为什么参加训练呢？这可不是我想象中的退役后的生活，至少不是像他那样，和我们这些球员一样努力训练。*

更多地渗入中前场成为我的任务之一，而球队则受到伤病困扰。主教练认为，我可以胜任中场的位置，特别是在汤姆·克莱维利（Tom Cleverley）、安德森、迈克尔·卡里克和弗莱彻都无法参加比赛时，主教练让我来帮忙梳理中场。当我真正开始出任中场时，我喜欢这个新位置。我得到更多球权，有机会参与分球组织的工作。在某场比赛结束之后，我甚至考虑正式转型成为中场球员，但不是现在。

为什么这么想呢？在中场，我不需要像前锋那样时刻保持最敏锐的门前嗅觉。我必须把注意力集中于两个禁区之间的转移和跑动。但是，作为一名前锋，我更多地使用小步幅，从而快速移动。一旦我感觉自己没有足够的灵敏度避开对方后卫、跑入空位时，我可能会后撤到中场，继续为赢球做贡献。

在我内心深处，我更愿意踢前锋位置，因为我仍然能在对方禁区造成巨大威胁。不过，为球队牺牲也并未让我感到困扰。在曼联踢球，即便有时候这家俱乐部处于低潮期，我依旧感到很开心，比如我们在节礼日5：0大胜维冈竞技。节礼日比赛结束之后，我和一些队友出去吃晚饭，其他队员则留在酒店。第二天，主教练找我谈话，告诉我他对我外出吃饭这件事感到不满，还认为我最近在训练时表现一般。他惩罚了我，让我交罚款，但接下来发生的事情更加糟糕，我被排除在下一场对阵布莱克本的大名单之外。球员在距离下一场比赛还有六天的时候外出吃晚饭，如果发生在其他俱乐部，人们大概根本不会去关心。这就是曼联和其他俱乐部的不同之处，同时也能看出主教练对我们的要求甚高。接下来一个星期，我坐在观众席，看着球队2：3输给了布莱克本。这种感觉最难受了。布莱克本踢得非常差，他们看上去像是已经预定了一个降级的席位。可是，我们踢得比他们还要糟糕。我记得我在观看这场比赛的时候，绝望的气息紧紧包围着我，我就像其他曼联球迷一样无助，眼睁睁地看着失败来临。

*有时候，做一名球迷并不是开心的事情。*

＊＊＊＊＊

再遇曼城，足总杯，第三轮。

比赛日当天早上，在俱乐部酒店里，曼联教练保罗·斯科尔斯身穿俱乐部西装、白衬衣，打着红色领带，脚上是锃亮的皮鞋，然后出现在我们面前。直到现在，看着斯科尔斯穿西装、做教练，而不再是球员，我仍然觉得奇怪。不过，他还是跟随着球队，和我们站在一起，支持着球队和球员，这种感觉也挺好。对于足球运动员来说，在前往客场的大巴上有一颗冷静的头脑，对球队是有帮助的，特别是即将面临一场曼彻斯特德比的时候。

一个小时之后，我们来到客队更衣室，我注意到斯科尔斯脱下了那一身好看的行头。他换上了一件球员热身时穿的上衣，他的衣服就挂在其他一线队球员的衣服旁边。这时候，我第一次注意到那件球衣：斯科尔斯，22 号。

我惊讶不已，开始环顾四周，看向其他队友，搞不清状况的人似乎不止我一个。所有球员都盯着他，目瞪口呆。斯科尔斯一言不发，就和以往一样。他忽略身边所有人，默默地穿上球裤。下一秒钟，我们的更衣室爆发出尖叫声和欢呼声，大家都激动不已。年轻的球员，比如斯莫林，都不敢相信他们即将和曼联最好的中场之一继续并肩踢球。

"呃，什么时候决定的呀？"

"主教练打算保密。"

我完全摸不着头脑。

*曼联近几年来最好的中场球员重新复出，参加足总杯对阵曼城的客场比赛，所有人都没有提前收到消息，这故事听上去就像编造的一样。*

我们以 3：2 打败了曼城，我进了两球。直到现在，我们才报了赛季初惨败的一箭之仇。斯科尔斯在下半场替补登场，得到了球迷的欢呼。不过，他犯了一个错误，给对手机会打入一球。

不过，这个失误并不严重。这是属于曼联的比赛，我确定他的比赛状态很快就能回来。毋庸置疑，他的复出是一件好事，像是我们签入了新球员一样，更像是大家庭重新团圆。

＊＊＊＊＊

然而，也不是所有人都开心。

星期二的晨练是我们在足总杯淘汰曼城后的第一次训练。帕特里斯走向训练场时，我看见他的足球袜里塞了护腿。*的确，从这个方面来看，斯科尔斯的回归并不是一件让人欣喜的事情。*

第二十一章　更衣室

2012 年 2 月，英超联赛对阵利物浦，开赛前一个小时，我在"办公室"等候。严格来说，这算不上办公室，但对于我来说，这是和办公室功能最接近的房间——更衣室，它在老特拉福德南看台下方，藏在球场拐角处。

　　从某些方面来看，它和大多数办公室相似，我们在这里开会，在这里做重大决定，还在这里传播八卦信息，互相开玩笑。此外，还有一些不成文的规定，比如永远不要在主教练生气的时候开口说话。我的座位被安排在房间后墙，一件曼联球衣被夹在衣架上，悬挂在墙上，球衣背后醒目的数字"10"和我的名字"鲁尼"昭示着这个位置的主人。在球衣下面，整整齐齐地放着我的球裤、袜子、护腿板和球靴。

　　这间房子不仅属于我，17 位队友也在这里。吉格斯、里奥、安东尼奥·瓦伦西亚、迈克尔·卡里克、强尼·埃文斯等，他们都在这间房里，和我做着类似的事情。他们在自己的座位附近晃悠，往衣橱里堆放物品，然后重复着每天都会做的事情，讲些小八卦、做点儿自己感兴趣的事，就像其他人上班一样。

　　每天大家刚刚来到更衣室的时候，房间里会很安静。不过，气氛很快就被调动起来了。帕特里斯·埃弗拉把自己的 iPod 插在音箱上，伴随着音响里传来的 R&B 音乐，大家开始开玩笑；有一些队友也会玩游戏、打闹。卡里克和斯科尔斯两个人配合着做传球练习。里奥取笑帕特里斯的衣服，挂起来给所有人看。在旁边的房间里有六辆健身自行车，瓦伦西亚骑着自行车在做热身。

我坐在自己的位置上，把注意力集中在接下来的比赛上。距离比赛开始，还有 58 分钟。

*还有这么久啊！*

换衣服，穿球裤。

我感觉还不错，并不紧张，已经准备好要上场比赛了。不久之前，我还在球员休息室晃悠，和大家说笑，以此来放松。这个方法并不太有效，随着比赛越来越近，我反倒平静下来。这是我从小就有的诡异习惯。比赛快要开始的时候，我会躲到自己的小角落去，不和任何人交谈，也不理会更衣室里的喧闹。我完全沉浸在自己的思绪里。

*想着即将发生的比赛。*

我换上袜子和训练服，穿上球鞋，并抢在卡里克之前跳上按摩桌，按摩师罗伯①帮我放松大腿。罗伯的按摩力道很大，疼得我直嚷嚷。但我感觉到腿部血液循环顺畅，肌肉开始发热。*疼痛转化成热量，热量转化成力量。*

我开始设想 90 分钟的比赛中会发生什么，我的表现又会如何。每场比赛的前一天，在俱乐部宾馆里，我都会想象一下进球和成功的传递、漂亮的拦截、巧妙地把对方球员甩在身后，就像是赛前彩排一样。

按摩完之后，我会去骑单车，此时全身肌肉松弛下来，心跳加快。我的脑海里开始浮现出进球的样子：20 码开外的起脚洞穿佩佩·雷纳（Pepe Reina）把守的利物浦球门，或者是皮球从丹尼尔·阿格（Daniel Agger）双腿之间穿过，让出击的守门员鞭长莫及。

—————————————

① 他的绰号叫"摩擦者"。

我抬头看向电视机，天空体育新闻已经开始播报，他们正在做这次比赛的赛前预测。我的眼睛扫到电视机旁边的挂钟，还有 52 分钟，但好像一个世纪那么漫长。

*时间过得太慢了。*

*分针为什么走得这么慢，好像有人故意把它调慢了一样。*

从单车上下来，只用了几秒钟而已。我可以听见外面传来已经入场的球迷们震天的吼叫声。此后，我时不时听到球迷们大喊着"曼联"，还有笑声、口哨声。

*比赛快点开始吧！*

我穿上训练服和球鞋，抓起一个足球，穿过又黑又长的球员通道，走出去热身。这条通道狭窄且拥挤，感觉有几公里那么长。我从球童们、警察们、教练们的身边走过。走廊尽头是红色的顶棚，阳光照在草地上，那片青绿显得格外耀眼。越走越近，欢呼声、助威声、口哨声越来越响亮。当我们踏上球场的瞬间，全场鼓掌，草地似乎在低吟，回应着这份热烈。

"曼联！曼联！"

由于今天来做客的是利物浦，老特拉福德的球迷们更显兴奋，期盼这场比赛快点儿开始。我的心情也同样迫切。我在和利物浦过往的比赛中，并没有耀眼的成绩，球迷们对此有些着急。这也许是因为作为一个埃弗顿球迷，我一直"不喜欢"利物浦这支球队（这是主教练用的词，而不是我），我一直都非常渴望击败他们。不过遗憾的是，我从来没有在默西塞德郡德比中进球。队友们认为，我努力过头了，反而没能进球。

在球场上，我们进行拉伸和传球练习，然后慢跑，拉伸，射门，再拉伸。在我眼前，好像看到了许多进球，仿佛回到了童年在克罗克斯泰思的足球学校，进球，球网，球场，照明灯。

*我很好奇，童年的足球队现在是什么样子？*

*我有一个预感，和以往每一次比赛一样的预感。*

*今天，我会进球。*

＊ ＊ ＊ ＊ ＊

这场比赛背后还有一个故事。

这个赛季我们和利物浦第一次交手是在安菲尔德球场，帕特里斯和利物浦的乌拉圭射手路易斯·苏亚雷斯（Luis Suarez）在那场比赛中发生了争执。我离他们两人很远，不知道具体发生了什么。不过很明显，有一次两个人同时去争头球时，有一些言语上的争吵。从我的角度来看，两个人因为一些什么事情，闹得很不愉快，但是我不知道为什么。

比赛结束之后，我们回到更衣室，帕特里斯勃然大怒。

"他种族歧视，咒骂我！"他咆哮着，非常生气，感觉很受伤。

赛后，关于这件事情有很多猜测；人们都在议论，散布着各种杂七杂八的观点和消息。对于这件事情，大家都很生气。英足总介入了调查，在12月举办了听讯会。英足总裁定，苏亚雷斯负有责任，在声明中，英足总表示苏亚雷斯的行为"有损英格兰足球的国际形象"。

在我听到这个结果后，我为帕特里斯感到欣慰，这个决定维护了他的正当权利。此外，可以肯定的是：

*下一次我们和利物浦的比赛，又会是一场焦点战役。*

＊ ＊ ＊ ＊ ＊

随着这一次比赛的临近，所有人都很好奇：帕特里斯在赛前会不会同苏亚雷斯握手。在比赛热身期间做短跑运动和射门练习时，我清晰地感受到一股急躁的气氛，弥漫在球场周围。

*我完全想象不出来今天的比赛可能会发生什么事情。*

＊＊＊＊＊

我们被召回更衣室。

*比赛快开始了。*

主教练过来进行团队谈话。因为不管在赛季任何时候，利物浦都是我们最重视的对手之一。这次谈话是主教练在24小时之内，第二次跟我们简短解析他们的情况，并提醒我们牢记这场比赛的重要性。他向我们讲解在任意球时，该怎么站位防守；在角球时，我们该如何分工盯人；还告诉我们，他希望我们如何踢这场比赛。

"压迫他们，"他说，"如果我们能够进行高位防守，一直把对手压迫在他们的半场，那么我们就能抓住他们的弱点。

"还有一件事情……今天在场上踢球，一定要保持头脑清醒。忘记上一次发生了什么，只关注眼前这一场比赛。如果你们集中注意力，就能赢下三分。"

说完这些，他就离开了更衣室。我回忆着角球战术里我的职责：在小禁区内、球门前缠着利物浦守门员雷纳，不能让他轻易摘下横向传球。

我戴上护腿板。

我穿上比赛球衣。

我去洗手间解决内急。

*我独自一人去了医疗室，坐在床上祈祷。*

请让我平平安安地完成90分钟比赛；请不要让我受伤。

我不确定是否每个人都在比赛前祈祷。我认为曼联是一家国际化、多元化的俱乐部，有一些队友也会在赛前祈祷，他们有自己的祈祷方式。我觉得，祈祷能够帮助我集中精神，保持冷静。

我回到自己的座位。帕特里斯在和大家说话，他说："我会和他握手的，这是基本的体育精神。"

所有人都表示赞同。

帕特里斯是一个公平竞争的人，这让他成为一名伟大的球员。

我看了他一眼，他现在的状态很自信。主教练任命他做今天的场上队长，而他是一个好领袖。

对于这场有些特殊意义的比赛，他很放松。虽然他比平时安静，但他的注意力很集中。如果这种事情发生在我身上，我会如何应对呢？即将同一个曾经和我有过节的人在球场上面对面……

我最后一次系紧鞋带。

我大概也会像帕特里斯一样冷静。当然，"帕特里斯，加油，踢好这场比赛就行。我的伙伴，过去的让它过去吧"，这种话别人说起来并不难。

我对自己说：

*韦恩，专注一点儿！*

突然，铃声大作，我的思绪被拉回来。这是运动员准备出场的信号。

我准备好了。

*今天我们会赢，我会进球！*

***** 

苏亚雷斯并不太友好。

比赛开始之前，利物浦的所有首发球员走到我们面前一一握手。帕特里斯作为今天的队长，站在最前面。

*苏亚雷斯走过来了。*

这个时刻，人们整整讨论了一个星期。

帕特里斯向苏亚雷斯伸出右手，欢迎他来比赛，同时了结两人的恩怨，但是苏亚雷斯对此并不上心。他没有去握帕特里斯伸出的手，而是直接越过他，与下一位曼联球员，即我们的守门员大卫·德赫亚（David de Gea）握手。

*苏亚雷斯竟然没有和帕特里斯握手。*

*他竟然忽视帕特里斯，导致帕特里斯的脸色看上去非常阴沉。*

*苏亚雷斯走到我面前，我茫然地和他握手，对他刚才的举动十分困惑。*

*苏亚雷斯看起来很没有气度。可能一会儿开赛之后，他就会后悔。为什么他不和帕特里斯握手呢？为什么我们不能把这不开心的一页翻过去，好好踢球呢？*

*双方运动员跑到各自半场，做最后的热身运动。我们的四周传来嘘声、口哨声，所有球迷都为接下来的比赛而疯狂。*

*忘记刚才的插曲。今天我们会赢，我会进球！*

＊　＊　＊　＊　＊

上半场以 0 ：0 结束，比赛仍然保持均势。

我走回球员通道，准备回顾一下上半场的表现：创造出来的机会、拦截，并猜测主教练一会儿可能说些什么。我转进通往更衣室的走廊，人太多了，以至于我无法通过。警察过来维持秩序。我隐隐约约地看见不远处有推搡，但我看不见是哪些球员。教练们开始把自己的运动员拉进更衣室，让他们冷静下来。我和史蒂夫·杰拉德站在警察后面等待通过走廊，我们两个像是特别文静的孩子。

当我终于回到更衣室时，主教练已经在里面平息气氛了；他告诉我们要保持比赛节奏。我扫视了更衣室里的所有人，想弄清楚刚才在走廊里发生了什么事，不过大家都看向主教练。对于刚才的混乱，我依旧一头雾水。

"比赛还没有结束，"主教练说，"继续跟着他们的球员，压迫他们回到自己的半场。保持现在这个快节奏，我们会进球的，一个球甚至是两个球。"

我们的半场谈话永远都不一样，我不知道我会听到些什么。我见过曼联

3：0领先结束上半场，但是主教练勃然大怒。有时候，我特别害怕上半场结束时，我们已经大比分领先，我知道主教练不希望我们沾沾自喜，所以他会压制我们的骄傲情绪。

如果我们踢得不好，但仍然1：0领先结束上半场，主教练也会跟我们生气。他不希望对手在下半场发起猛攻，然后偷走一分。其他时候，如果我们落后他反而比较平静，他只是告诉我们要坚持下去。他知道我们很快就能扳平比分。他的经验告诉他，即使曼联有时候失去正常水准，我们仍然有能力赢球。

不过，最可怕的是在我们不仅落后，而且表现糟糕的时候。在这些训话中，我总是尽可能地保持沉默。如果我在错误的时候开口说话，惹恼了主教练，我肯定会陷入麻烦。回答他的问题是一件惊悚可怕的事情，而且是错误的举动。当然，这样的对话在事后会被忘记，主教练在第二天绝对不会提起这些小插曲，好像这些事情从来没有发生过一样。我猜测，他正忙于研究怎么赢得下一场比赛，根本无暇理会这些细节。

幸运的是，今天的半场休息没有吹风机。在球队谈话结束之后，工作人员回到各自岗位，体能教练发放补充能量的食品和饮料。一般来说，感到疲劳的运动员会吃一点儿家乐氏（Coco Pops）能量棒和佳发饼干（Jaffa Cakes）来补充能量，而我通常吃甜品。我们的助理教练米克·费兰（Mick Phelan）和雷内·穆伦斯丁（René Meulensteen），分别与球员们一对一谈话。他们告诉球员他们在比赛中注意到的现象，以及利物浦是如何站位的。米克在我身边坐下来，他建议我多利用对方的四后卫之间的空隙。

"不要傻站在对方后卫身后，"他说，"尽量让斯科特尔和阿格不敢上前，这样就可以给我们的中场创造更多的空间。"

我点头表示同意。

我仰头喝完手中的运动饮料，吃掉佳发饼干，脑子里又思考了一遍该怎么进球——进球，胜利！

＊＊＊＊＊

在下半场刚开始，比赛的第 46 分钟时，我进球啦！

势大力沉的射门，穿过雷纳的十指关。

几分钟之后，我又进球了。

*能与对阵利物浦打入两球相提并论的快乐，并不是很多。*

最终，我们以 2：1 的比分击败利物浦。

虽然苏亚雷斯打入一球，但不足以影响赛后我们在更衣室庆祝的心情。大家排队拿食物，说明大家的心情都不错。曼联赢球之后，所有人都拥向餐桌，在自己的盘子里装满比萨、墨西哥卷饼和薯条，大家开玩笑地互相推搡，屋子里到处都是人，这也是今天的景象。更衣室里吵吵闹闹的，每个人都很开心。

帕特里斯又把自己的 iPod 插在音箱上，他在忘我庆祝，早已经把握手这件不愉快的事情抛诸脑后了。这一次，他选择了桑巴类的巴西狂欢音乐。赢球后的更衣室总是最好的地方之一。

如果我们输了，那么更衣室则呈现出完全相反的样子。比如在 1：6 输给曼城之后，没有人起身去拿食物，只有死一般的沉静，就像在教堂。输球是最糟糕的事。

当我们表现得不好、咎由自取时，我的内心感到很难过，我们让所有人失望了，我觉得丢脸。

即便我个人表现还不错，但无法帮助球队赢球，我也不会因为自己的表现而感到安慰。可能我打入了两球，但曼联以 2：3 输掉比赛，我仍然感到很难过。这并不是苦中有乐的心情，相反我非常伤心。

不过今天，一切都显得很完美。我们赢了，我还进了两个球。更重要的是，我们打败了利物浦，给我们争冠加重了筹码。有人认为在比赛末期，我本来可以抓住机会再进一球。斯科尔斯拿球，一个干脆利落的假动作给我创造出空间，但是我把球踢飞了，错过了完成帽子戏法的机会。

我承认:"我本来想一过二,但我踢疵了!"

现在,我感觉很好,听着帕特里斯播放的桑巴音乐,享受着盘中的薯条。我不由得隐隐期待明天曼城对针阿斯顿维拉会出现什么情形。我想到了下周曼联和诺维奇的比赛,还有再下周和热刺的比赛。

我期待打入更多进球,赢得更多比赛。

第二十二章　成长

人生总有起伏，并非一帆风顺。

2010—2011 赛季，我完成了第 500 场成年队比赛。此后，我不断创造新纪录，取得个人成就。比如 2011 年 9 月 10 日，曼联 5：0 战胜博尔顿，我完成个人帽子戏法。英超历史上，仅有四位球员连续两场比赛完成帽子戏法，我就是其中之一（在此之前，我在和阿森纳的比赛中打入三粒进球）；再比如 2011 年 10 月 18 日，欧冠小组赛对阵加拉茨钢铁（Otelul Galati），我踢进两球，超越了队友斯科尔斯，成为在欧冠历史上进球最多的英格兰球员。

在这个赛季，我的黄牌数降到了历史最低。在所有比赛中，我仅得到一张黄牌。我更加努力地控制自己的情绪，争取不犯愚蠢的错误，这是我进步的主要原因。即便我认为裁判判罚对我们不公，我也学会了闭嘴，不去盲目申辩；即使其他球员尝试激怒我，我也不会还击。

我能感觉到自己脾气的变化。有人认为，可能是对阵西汉姆时发生的意外，或者是 2010—2011 赛季的糟糕经历导致了我的变化，但我认为这是随着年龄和阅历的增加发生的自然变化。我成熟了很多，并且变得更加冷静。大家似乎忘了，自从 16 岁起，我就一直处于聚光灯下。那时候，我和其他青少年一样，情绪随时都会爆发。四五年前，我 20 岁出头时，仍然可以将不成熟当作我过于激情和大脑短路的借口。我想赢得比赛，因此在足球场上，我是那种不顾一切的球员，每次拦截和传球都想做到最好。在比赛中，只要有人指责我或者我的队友，我的反应就会很激烈，要么"以其人之道还治其人之身"，要么狠狠地铲球表达愤怒。我就像鞭炮一样，一点就着。

我觉得在年轻的时候，脾气暴躁并不稀奇。年轻人总有用不完的能量，有时候甚至会能量过剩。当无处释放的能量碰上不成熟的性格，就容易产生副作用。我经历过这个阶段，所以对这样的情形很熟悉。现在，我知道自己已经过了幼稚的年纪，心性已经沉淀下来了。

总体而言，我冷静了许多。然而，有时候依旧会一股热血冲昏我的头脑。2011 年 10 月，英格兰队对阵黑山队，我吃到红牌时就发生了这样的情况。在那场比赛中，我失去了理智。在我丢掉球权以后，我没有控制住自己，踢倒了对方球员，我被罚下场，不得不错过 2012 年欧洲杯头两场比赛。

*看来，我还得继续努力才行。*

保持冷静给我带来的最大好处是在比赛中，我的表现变好了，不再追着球满场飞奔。相反，我更注意保存体能，尽量在对方半场活动，特别是在对方禁区附近制造机会。我变得自私，当进球机会来临时，我不会犹豫。请不要误解我的意思，如果我的队友处在更好的位置，我一定会传球。如果门将脱手一类的情况发生了，我一定会赶在贝巴、埃尔南德斯、丹尼·维尔贝克之前，尝试射门。这是射手的直觉。*我喜欢进球的感觉。*

在 2011—2012 赛季后半程，我打进了不少进球，每粒进球都得到观众的欢呼，但是在赛季结束时，它们都失去了意义。个人纪录并不代表什么，心性长进了也不能说明什么。为什么这样说呢？

因为我们在联赛杯中，被水晶宫淘汰出局，止步八强。

我们在足总杯第四轮，输给了利物浦。

我们甚至没能从欧冠小组赛中出线。接下来在联盟杯中，我们又败给了毕尔巴鄂竞技。

如果没有取得俱乐部荣誉，捧起奖杯，哪个球员会在乎取得多少个人荣誉呢？

*在这样的情况下，至少我不在乎。*

＊＊＊＊＊

当然，我们还在英超联赛中保存着希望。

四月份，还剩下六场比赛，我们领先曼城多达 8 分。优势被我们紧紧地攥在手中，每个人，包括我在内，都充满信心。

*这是曼联啊，我们清楚该怎么做。我们离成功只有一步之遥。*

但是，我们失败了。

我们再一次面对维冈竞技。虽然他们在联赛大部分时间深陷降级区，但不能否认，他们的足球有值得称赞的地方。从比赛第一分钟开始，运气似乎一直眷顾着他们，我们则怎么踢都不顺利。他们从一次角球进攻中收获进球，虽然这粒角球是误判，本应该是我们拥有球权、开门球。裁判还漏判了一个点球，维冈竞技逃过一劫。我们一直无法打破他们的防线，创造有效机会。

这样的比赛让我很困扰，我根本琢磨不透到底出现了什么问题，为什么我们无法进球。

*即使这场比赛再进行五个小时，我们仍然无法进球。*当处于这样的困境时，我可以感觉到全队都迷失在不知所措中，更麻烦的是，我们不知道如何走出困境。

在这样的比赛中，球迷也能清楚地感受到困难。他们看得出来，球队赢不了球。沮丧感一点儿一点儿侵蚀着球员的信心，即使球员们倾尽全力。压力越来越大，导致我们失误增多，维冈竞技开始控制比赛节奏。我们唯一的出路是坚持下去，压迫对手，制造威胁。

这个时候，我们需要一个幸运的点球，或者一记折射来改变比赛进程，增强信心。

可是，我们没有等来好运气。维冈1：0击败了我们，这场失利是咎由自取。对手表现得很好，更反衬出我们十分差劲。这场比赛过后，8分优势缩小到5分。

接下来主场面对埃弗顿，我们一度以4：2领先。我进了两球，这两粒进球帮助我超越乔治·贝斯特（George Best）和丹尼斯·维奥勒（Dennis Viollet），攀升至曼联历史射手榜第四位。纳尼和丹尼·维尔贝克（Danny Welbeck）各入一球，并且我感觉到我和丹尼已经建立起了默契。速度快是他的特点，他可以在对方防守球员身后制造机会，他的脚下基本功也很扎实。丹尼不仅能吸引对方球员，还能和我或者其他中场队友进行配合，这点我很欣赏。这让我有机会打破对手的防线。

当对埃弗顿的比赛顺风顺水时，意想不到的转变出现了。我们放松警惕，所有人都以为三分已经被收入囊中。对方的关键球员，比如说边路球员斯蒂芬·皮纳尔（Steven Pienaar），我们留给他们太大的活动空间和过多的控球时间，最终被他们抓住机会，给了我们致命一击。他们攻到我们的半场，把球传入禁区，找到他们的球员马鲁阿内·费莱尼（Marouane Fellaini）和尼基察·耶拉维奇（Nikica Jelavic）。凭借最后时刻耶拉维奇和皮纳尔的进球，埃弗顿最终把比分锁定在4：4。

噩梦！领先优势缩小到3分。

接下来就是在曼城主场，和曼城正面交锋的天王山之战。这场比赛非常重要，所有事情都为此让步。我明白，如果我们击败了曼城，将带着6分优势开始最后两轮比赛，我们也将占据心理优势。曼城也很清楚局势，如果他们击败了我们，双方就来到平分状态，但他们占据净胜球优势。

赢下比赛，并不容易。曼城很强大，很稳定，尤其在主场。比赛第45分钟，曼城利用角球，由队长文森特·孔帕尼头球破门。之后，我们没有办法攻陷他们的球门。他们牢牢控制着球权，我们根本无法抢到球。我甚至不记得乔·哈特在下半场是否做出过扑救！

我们以 0：1 输了。

**英超积分榜（2012 年 4 月 30 日）**

|  | 场次 | 净胜球 | 积分 |
|---|---|---|---|
| 1. 曼城 | 36 | 61 | 83 |
| 2. 曼联 | 36 | 53 | 83 |
| 3. 阿森纳 | 36 | 24 | 66 |

眨眼间，8 分优势灰飞烟灭。

\* \* \* \* \*

我一遍又一遍地问自己同一个问题：*瞬间变成净胜球劣势，这怎么可能呢？*

足球专家们开始批评曼联，他们说，我们自己埋葬了自己。人们开始歌颂曼城多么好，他们的足球多么赏心悦目，他们是英超最强；专家们还说，我们是一支平庸的曼联，我们是主教练执教以来最差的曼联。哼，*如果专家们说的是真的，那么，我们不可能仅仅以净胜球劣势落后于曼城。*

毫厘之差！

每个人都非常紧张。

如果说谁能理解我们的感受，那就是加里·内维尔了。他最近经常出现在电视评论席，他反复强调一个观点："如果曼联最终因为净胜球而屈居亚军，没有什么比这样的结局更让主教练生气了。与冠军同分，却无法触碰奖杯，这就是噩梦！不可能有比这更可怕的失败了。"

*他的言论一针见血。*

我绞尽脑汁地想，我们哪里做得不好，在那些本来可以轻易拿下的比赛中，为什么送给对手这么多进球。有时候，我们太天真了。通常，曼联不会这样阴沟里翻船。和埃弗顿的平局，如果放在以前，我们早就赢下三分了。我们没能扼杀比赛悬念，反而大举压上，把空虚的后防直接暴露在对手面前。我们忽略了靠运气球就可以战胜对手这一事实。当2∶1、3∶1、4∶2领先时，我们还想进球，而不是像主教练要求的那样，稳住阵脚，防住对手。

欧冠比赛中，我们犯下同样的错误，应该拿分的比赛输给了对手。小组赛，主场对阵巴塞尔（Basle）和本菲卡，我们太大意了。虽然这两支球队很顽强，但我们应该能够战胜他们。那两个夜晚，我们只想着在对方半场进球，全然忘记了防守。

忽视防守导致的失利，我曾经历过，也曾为此感觉内疚，所以这一次我能看出队友们难过的心情。当我在少年或者20岁出头的时候，脑子里全部是进球、进球、进球。只要有机会，我就会上前进攻。现在，我终于意识到，在英超和欧洲冠军联赛里，我不能这么做。如果"进攻"的念头充斥着我们的头脑，优秀的对手就会利用这一点来战胜我们。这个赛季，我们吃过好几次亏，不管是联赛还是欧洲赛场。

现在，我们尝到了苦果。

＊　＊　＊　＊　＊

当然，主教练也看到了原因。在输给维冈竞技之后，我们4∶0战胜阿斯顿维拉。我打入两个球，其中一个是点球，虽然结果让人开心，但比赛过程不尽如人意。赛后，主教练表达了对我的不满。他对媒体说："韦恩迫切地想去影响比赛，特别是在胶着紧张的时候。当比赛像今天这样没有那么紧张时，他的表现不如队友。他变得随意起来。在压力之下，他是一个出色的球员，表现得更好。"

我没有怨言。我想，他只是在让我们每个人都严肃对待每一场比赛，因为这个赛季就快结束了。他必须这么做，而我们承担不起任何失误。

＊　＊　＊　＊　＊

在伊蒂哈德球场0：1落败之后，我们主场2：0击败斯旺西。与此同时，曼城2：0在圣詹姆斯球场公园战胜纽卡斯尔。于是，我们将在赛季最后一轮见胜负。

**英超积分榜（2012年5月6日）**

|  | 场次 | 净胜球 | 积分 |
|---|---|---|---|
| 1. 曼城 | 37 | 66 | 86 |
| 2. 曼联 | 37 | 55 | 86 |
| 3. 阿森纳 | 37 | 24 | 67 |

这个星期的训练效果很好。主教练让我们把注意力集中在比赛上。他告诉我们，曼联赢下冠军不在于自己，只能寄希望于曼城输球。他们主场迎战女王公园巡游者，我们客场挑战桑德兰。所有人都认为，曼城会轻松取胜。主教练说，我们能做的只有战胜桑德兰，祈祷女王公园巡游者爆冷，带来一个令人震惊的结果。

好消息是，巡游者会全力以赴，他们比身处降级区的博尔顿高出仅仅两分，急需一场胜利来保证保级；如果博尔顿输球或者与斯托克城打平，女王公园巡游者就保级无忧。这是我记忆中最胶着的一个赛季。

接下来，主教练告诉我们要对所有可能的结果有心理准备。

"如果奇迹真的发生了，曼城搞砸了，这种戏剧性场面也不是第一次发生。"有一天大家都在俱乐部餐厅里吃午饭，主教练对我们说，"1995年，我们做客西汉姆，布莱克本对阵利物浦。布莱克本必须赢得比赛，才能保证拿到冠军；如果他们和利物浦打平，我们又赢了西汉姆，那就是我们笑到最后。没有人认为，利物浦会'帮助'我们，但最终布莱克本的确输球了。唯一的问题是，我们和西汉姆握手言和，而布莱克本还是力压曼联，夺下英超奖杯。

"我可不希望重演这样的剧情。所以做好自己，打败桑德兰，其他的就随缘吧！"

我让自己心无杂念。我跟自己说，这依旧是平常的一周，因为有时候想太多，过于担心出错，反而不利于球员发挥。就像一个高尔夫球员站在发球区域，只考虑着怎么避免球道中的沙坑，而不去看面前广阔的草地，看起来好像反而在寻找沙地一样。我明白，如果带着对比分的焦虑和对自己的担忧，这些乱七八糟的想法会让我失去冷静。

保持乐观心态。想想怎么进球，好好表现。

*做好自己！*

\* \* \* \* \*

终极之战，一触即发。我们开局顺利，恪守自己的职责。

我进了第一个球，帮助球队领先。然后，曼城在主场也进球了——他们的后卫巴勃罗·萨巴莱塔（Pablo Zabaleta），在上半场结束前破门得分。这个令人窒息的消息传来，球迷们的情绪都很低落，好像我们自己失球了一样。

*就在不久前，我们闻到了冠军的气息。*

不过，比赛尚未结束！比赛第 47 分钟时，女王公园巡游者奇迹般地打入扳平一球，跟随球队来到光明球场[①]的曼联球迷沸腾了。20 分钟后，巡游者让所有人大吃一惊，他们将比分反超为 2∶1！我们的球迷激动得不得了，球员们也从他们的反应中，感受到奖杯正在走向老特拉福德的路上。我还有点儿晕晕乎乎，不确定发生了什么，也没有人能确定发生了什么。争冠结束了？曼

------

① 桑德兰主场。

城真的阴沟里翻船了？

终场哨音响起，情况仍然一片混乱。我看向替补席，想知道最终谁是冠军。大家你看看我，我看看你，耸肩表示茫然。突然，菲尔·琼斯一副目瞪口呆的样子，好像丢了魂一样。接着，桑德兰球迷开始欢呼，他们背对球场，开始跳舞。

那是"波兹南舞（*The Poznan*）"——曼城球迷庆祝进球的动作，不管他们面对谁；他们从波兰的波兹南队那里学会了这个动作。上帝，曼城是冠军。

主教练向我们走来，告诉我们去感谢随队球迷。我的心情跌落到谷底，我知道都结束了。有人大叫"曼城在补时阶段踢进了两球"，我难受得不行。我走向曼联球迷区，他们的脸上都是伤心的表情。我们明白他们的感受。然后，我看了看桑德兰球迷，他们在兴奋地欢呼。为什么？就因为我们在最后三分钟丢掉了冠军吗？他们有什么可兴奋的呢？

在那一瞬间，我决心下个赛季一定要打败桑德兰，如果有什么事情能让我不去想曼城，无论这件事情多么小，都能让我好过一点儿。可是，这也只是片刻的安慰。

\* \* \* \* \*

那天晚上，我的伤口又被洒了一层盐。

电视节目《当日比赛》[①]。

有些球员输球之后，无法再重看自己的比赛，不过我可以。我必须去看，必须知道我哪里做错了。今天晚上和往常不同，曼联赢了，我进球了，但我仍然是失败者。我是一个亚军。

我坐在电视机前，重温这疯狂的一天。科琳没有打扰我，她知道我会消沉

---

① 英国 BBC 电视台制作的 *Match of the Day*。

一会儿。我盯着电视机，摄像镜头在伊蒂哈德球场和光明球场之间来回切换，直到现在，我仍然不敢相信今天上演的剧情。

曼城那边，女王公园巡游者队长乔伊·巴顿（Joey Barton）被罚下场。

好吧，曼城占据优势。

我看着女王公园巡游者2：1领先。

*这是怎么做到的呢？*

然后，镜头切换到光明球场，我看见我们赢下桑德兰。

*很好，我们完成了任务。*

如果这个比分持续下去，我们就是冠军，不过这一刻仅仅停留在电视节目上，并不意味着什么，英超里没有暂停键，我不能让积分榜永远保持在我们占据头名的时候。

镜头展现出了光明球场疑惑的气氛，主教练四处张望。我们的快乐很有可能被曼城长达五分钟的补时粉碎。五分钟就能改变联赛，即便知道接下来发生了什么，我的眼睛仍然无法从电视机前挪开。我就像是在公路上盯着一场车祸发愣的司机。

随着比赛进行，我看到许多曼城球迷都哭了。他们以为自己的主队放弃了比赛，他们离"失败"那么近。时钟来到91分钟，这是曼城进球的时刻，哲科，2：2。

*这就是杀手的致命一击……*

93分钟时，阿奎罗再次进球，曼城抢下了胜利，我们输了；曼城是冠军。

我关掉电视机，沉默！

*加里·内维尔说得很对。和冠军同分，却屈居亚军，没有什么比这更让人感到挫败的了。*

科琳已经入睡，整座房子安安静静的。我也希望自己开心一点儿，熄灭所有念头去睡觉。我的脑袋里在一遍又一遍地回放着今天发生的事情，我知道，这是最不应该做的事情。一遍又一遍，重复再重复；脑海里慢速回放这个赛季曼联的比赛。我在想，那些错过的机会如果没有错过，那些漏判的点球如果没有漏判，那些越位的进攻如果没有越位，那该多好啊！*就这样，想着那些我们没有把握住的机会，今晚我该怎么入睡呢？*

\* \* \* \* \*

冠军争夺尘埃落定，重复的论调年复一年地席卷而来。

*曼联王朝结束了。他们将在一段很长的时间内，无法赢得英超冠军。*

有一些球迷认为，在未来两个赛季，曼联没有希望。我们没办法打败曼城，因为他们是英格兰最好的俱乐部。切尔西也在奋起直追。他们在欧冠决赛中，通过点球击败拜仁慕尼黑。综合所有因素来看，切尔西的前景比我们更加光明。

我能理解他们的想法，但是他们忘了，我在加盟曼联之前，他们就开始说"曼联不行了"，在接下来的每一年，他们都会老调重弹。在这段时间里，我已经拥有四块英超冠军奖牌。对于一家"没有希望、没有机会"的俱乐部来说，这个成绩还不错。

或许，我应该站在其他球迷的角度来思考。可能其他球队的支持者希望我们跌落，因为作为他们的对手，曼联赢了太多次。这是我的猜测，但我不在乎其他球迷怎么想。当我第一次来到老特拉福德，我就懂得了一个道理：*永远不要轻视曼联。*

# 结　语

90分钟（弗格森时间）

＊＊＊＊＊

每天在卡灵顿训练是日常生活的一部分。主教练的奥迪车停在停车场；俱乐部接待处有一个漂亮的老特拉福德模型，从接待处往前走是门厅。从门厅过去是一条灯火通明的长廊，墙上挂着巨幅照片，有著名的巴斯比宝贝、吉格斯、罗纳尔多等球员；主教练在照片里穿着西装，神情严肃。再往前穿过几道门就是混乱吵闹的更衣室。

每一天，在我去往更衣室的路上，都能看见同一件物品：一幅巨大的装裱起来的照片，那是 2008 年我们赢得欧洲冠军杯之后的全队合影。这幅照片被悬挂在治疗桌对面的墙上，这是属于我的美好回忆。所有人都站在莫斯科的球场上，喷洒着香槟，开怀大笑。卡洛斯·特维斯笑得像柴郡猫一样，合不拢嘴。虽然罗纳尔多淋了雨，头发有些耷拉下来，还有一些彩纸屑留在头发上，但他的发型依旧完美。

我特别喜欢这张照片。每一次我见到它，通常在我准备去做热身活动的时候，同样的念头总会出现在我的脑海中。这就是足球的魅力。我热爱这张照片，同样因为这可能是大多数足球运动员梦寐以求却又不易实现的目标。这张照片让我觉得自己是一个幸运的人，被上帝眷顾的人。

*不过，像这样的时刻，还会有多少降临在我身上呢？*

十年，对于大部分人来说是一段漫长的时光，但对于足球运动员来说，只是白驹过隙。足球世界飞快地运转——每一场比赛，每一个进球，每一次抢断。我们没有重播键或者暂停键，我们的关注点永远都在下一场比赛、下一个三分，*在未来*。因此，我永远都在朝前看。所有的事物呼啸而过，眨眼间，我又向而立之年迈进了一步。在曼联，我已经是大家口中的老球员了。我跌倒过，但都爬起来了。*岁月给了我经验。*

年龄的变化给人的感觉很奇妙。我的内心里仍然是那个剪着"波波头"、一瘸一拐去上学的 14 岁男孩，有用不完的能量和热情。我走进老特拉福德，那种肾上腺素升高的兴奋感，还是同小时候在校队踢球时一样。球迷们依旧热烈欢呼，只不过比赛规模变大了许多。小时候我代表坩埚屋队男孩俱乐部踢球，现在我为世界上最大的俱乐部出场，这是一种美妙的感觉！在英超踢球、进球，为球迷赢得冠军，这是每天激励我前进的动力。

当然，有一个变化。小时候，我刚开始踢球，没办法去想象不再踢球的日子，更看不见足球的尽头。我从没有想过不再专注于比赛，不再给自己打气，不再系好球鞋鞋带的日子。

然而，现在不一样了。比赛中，我很快进入状态，浑身上下充满了干劲儿。每天我都在学习，都在进步，但我知道我的职业生涯已经过半。足球生涯真的很短暂，所以现在我争取去享受每一脚传球、每一粒进球、每一次拦截，因为这段生活终将结束。*从现在开始，我要努力活在当下。*

主教练可能和我有相似的感觉。我想这是他能在这个岗位待这么长时间——整整 25 年——的原因。如果他能让曼联保持在高水平，他能感觉到球迷的热情，那么为什么要退休呢？每次拿到一座奖杯，强烈的情绪充斥着我们，兴奋感太清晰，让我们疯狂。我们需要一段时间冷静下来，每次都是这样。不过，当情感逐渐消退——大概两三星期之后——我需要新的刺激。我想投入下一场战斗，想再一次成功。这种渴望非常强烈，因为胜利就像麻醉剂一样，让人上瘾。*我想，主教练一定也能理解我的感受。*

我的英超十年，有很多高光时刻，也有很多狂喜瞬间。2006—2007 赛季的英超冠军永远是最特别的，因为那是我的第一个英超集体荣誉。我承认，来到曼联两个赛季，没有给荣誉库添加奖杯，看着切尔西在联赛中横扫千军，我甚至一度认为，我没有机会把英超冠军收入囊中了。这令我很沮丧，更何况想要获得冠军是我离开埃弗顿的原因。*我的梦想是成为一名冠军球队成员。一旦我打开了冠军账户，我知道自己会获得更多。*

获得欧洲冠军杯也很难遗忘；我会永远记得在莫斯科发生的一切——点球，大起大落，窒息般紧张。接下来，我想起的是多年来的进球：对曼城的倒钩，为埃弗顿射穿阿森纳的球门，2011 年帮助曼联赢下英超的点球。这些开心的时刻会永远镌刻在我的脑海里。

如果我说，我的职业生涯里没有与巅峰对应的低谷，那一定是在说谎。例如黄牌和红牌，伤病，足总杯决赛失利，两次在欧冠决赛输给巴塞罗那，2012 年因为净胜球丢掉英超冠军。有趣的是，我同样感激这些失意，它们是我前进的动力。说实话，当它们相继而来时，失败更能衬托出成功的滋味有多好。

十年英超生涯，我意识到自己对成功的贪婪。进球，冠军，欧冠奖杯，世界杯，联盟杯，足总杯（如果能获得一个，那该多好）；任何一项赛事，我都想赢。赢，就像 2007 年我的第一个英超冠军一样，是最好的事情；但是输，像 2012 年这样，是最坏的事情。我希望自己更加勇敢、更加诚恳、更加努力，我想赢得更多。

当我退役的时候，我希望在大家眼里，我是一个胜利者。

*我很坚定地要成为一个胜利者。*

在第二个十年，我希望球迷们认同我，因为我奉献了全部。

*为了得到球迷的认同，我会竭尽所能。*

就像我在代表曼联首次出场之前，对一些朋友说的那样：

*请给我球，我能做好。*

*我无所畏惧。*

*我渴望成功。*